广东省铁路建设管理标准化系列丛书

铁路建设工程监督检查实务手册

第三分册 桥涵工程

广东省交通运输厅 组织编写

人民交通出版社股份有限公司
北京

内 容 提 要

《铁路建设工程监督检查实务手册》共6个分册，包括参建单位责任、路基与轨道工程、桥涵工程、隧道工程、房建工程、铁路四电工程。本书为第三分册，主要介绍铁路桥涵工程现场安全监督检查、铁路桥涵工程质量监督检查。

本书作为铁路建设工程监督检查实务手册，可供各级铁路建设行政主管部门、监管部门、监督机构和建设管理单位参考使用。

图书在版编目(CIP)数据

铁路建设工程监督检查实务手册.第三分册,桥涵工程/广东省交通运输厅组织编写.—北京:人民交通出版社股份有限公司,2023.7

ISBN 978-7-114-18798-8

Ⅰ.①铁… Ⅱ.①广… Ⅲ.①铁路工程—工程施工—监督管理—广东—手册②铁路桥—桥涵工程—工程施工—监督管理—广东—手册 Ⅳ.①U215.1-62②U448.13-62

中国国家版本馆CIP数据核字(2023)第090797号

Tielu Jianshe Gongcheng Jiandu Jiancha Shiwu Shouce
Di-san Fence　Qiaohan Gongcheng

书　　名：	铁路建设工程监督检查实务手册　第三分册　桥涵工程
著　作　者：	广东省交通运输厅
责任编辑：	郭晓旭
责任校对：	赵媛媛
责任印制：	张　凯
出版发行：	人民交通出版社股份有限公司
地　　址：	(100011)北京市朝阳区安定门外外馆斜街3号
网　　址：	http://www.ccpcl.com.cn
销售电话：	(010)59757973
总 经 销：	人民交通出版社股份有限公司发行部
经　　销：	各地新华书店
印　　刷：	北京建宏印刷有限公司
开　　本：	889×1194　1/16
印　　张：	7.25
字　　数：	132千
版　　次：	2023年7月　第1版
印　　次：	2023年11月　第2次印刷
书　　号：	ISBN 978-7-114-18798-8
定　　价：	52.00元

(有印刷、装订质量问题的图书,由本公司负责调换)

《铁路建设工程监督检查实务手册》

编审委员会

主　　任：贾绍明
副主任：梁育辉　王　新　陈德柱　张　强
委　　员：许传博　肖宇松　张　帆　符　兵
　　　　　　顾建华　刘智成　黄力平　余国武
　　　　　　安春生　刘明江　李奎双　庄碧涛
　　　　　　姜云楼　肖秋生　王爱武　谭　文
　　　　　　潘明亮　张　峰　陈山平　郭明泉
　　　　　　张晓占　张春武

《铁路建设工程监督检查实务手册》

参与单位

主编单位：中铁大桥勘测设计院集团有限公司

参编单位：广东省铁路建设投资集团有限公司

广州地铁集团有限公司

深圳市地铁集团有限公司

广东省交通建设工程质量检测中心

广东省交通运输工程造价事务中心

中铁武汉勘察设计院有限公司

《铁路建设工程监督检查实务手册
第三分册 桥涵工程》

参与人员

主要起草人员： 毛李伟　张春武　陈山平　刘应才
　　　　　　　　刘海员　王晓勇　余前标　黄庆文
　　　　　　　　刘启清　叶　丹

主要审查人员： 王　新　许传博　陈德柱　张　强
　　　　　　　　符　兵　肖宇松　刘　华　张晓占
　　　　　　　　李明汇

FOREWORD 序 言

推动铁路高质量发展是新时代新征程铁路工作的主题。高质量发展，离不开高质量的监管。广东省交通运输厅组织中铁大桥勘测设计院集团有限公司、中铁武汉勘察设计院有限公司等编制的《广东省铁路工程监管工作标准化指南》和《铁路建设工程监督检查实务手册》（以下分别简称《指南》和《手册》）是推动铁路建设工程监督工作规范化、正规化的具体举措，是推动铁路建设高质量发展、打造"轨道上的大湾区"、助力交通强省建设的重要体现。

《指南》聚焦基层监管人员监督业务不熟练、检查尺度不统一等难题，从"为什么查、查什么、怎么查、查完怎么办"等角度入手，系统地介绍了监管责任分工、监督服务机构的设置和人员要求，阐述了监管工作的方式方法，全面总结了勘察设计、工程造价、质量安全、建设市场秩序、投诉举报和事故调查等监管活动的工作要求和业务流程。《手册》以坚持问题导向、突出重点为原则，明确了工程质量安全的检查事项、检查环节、检查内容、检查方法、依据条款、问题描述、问题定性和处理，采用清单形式，简单明了，便于检查人员操作。

《指南》和《手册》具有很强的操作性，通过统一监管工作要求，细化工作流程，规范监管行为，明确监管重点事项实施清单，可进一步提升铁路监管效能。

《指南》和《手册》有利于指导和督促各工程参建单位全面落实各方主体责任，保证工程优质安全，有助于建设、设计、监理、施工单位技术与管理人员掌握铁路工程质量安全管理要点，检查、监督、控制工程的质量安全，对从事铁路建设工程监管和建设管理的读者也会有一定的帮助。

谨向广大的铁路建设管理人员推荐本系列丛书。

中国工程院院士

2023 年 6 月

PREFACE 前 言

为进一步规范和加强铁路建设工程监管工作,推进铁路高质量发展,依法履行监管职责,提升监管效能,建设优质安全、绿色高效的现代化铁路,广东省交通运输厅组织中铁大桥勘测设计院集团有限公司、中铁武汉勘察设计院有限公司等编制了《铁路建设工程监督检查实务手册》(以下简称《手册》)。《手册》依据现行铁路建设有关法律法规,充分吸收和总结国家铁路局及其地区监督管理局、广东省铁路建设工程监管工作的经验编制而成。

铁路是国家战略性、先导性、关键性重大基础设施,是国民经济大动脉、重大民生工程和综合交通运输体系骨干,在经济社会发展中的地位和作用至关重要。推动新时代铁路高质量发展,离不开有力有效的监管。《手册》的编制,既是落实中共中央、国务院印发的《质量强国建设纲要》和《国务院办公厅关于深入推进跨部门综合监管的指导意见》(国办发〔2023〕1号)的要求,强化事前事中事后全链条监管,提升监管工作标准化、规范化的务实举措,也是督促监管人员落实监管责任、规范监管行为的重要体现。

《手册》分为6个分册,包括《第一分册 参建单位责任》《第二分册 路基与轨道工程》《第三分册 桥涵工程》《第四分册 隧道工程》《第五分册 房建工程》和《第六分册 铁路四电工程》。《手册》具有以下主要特点:一是全面贯彻落实国家及铁路行业现行的法律、法规和标准规范,以推动铁路高质量发展为目标,坚持问题导向、突出重点为原则,确定了铁路建设工程现场安全、工程实体质量检查的事项清单。二是采用清单形式条目化地呈现了铁路各专业重点监管事项的检查环节、检查内容和检查方法,同时一一对应列出了每项检查内容依据的法律条款,问题的描述、突出问题的定性和行政处理建议,便于检查人员操作。三是每册附录列出了铁路建设工程监督检查常用的法律、法规、规章、制度、标准和规范等,并加以编号,在正文中以编号列出,方便查阅,例如:A01指附录"A 法律"的《中华人民共和国建筑法》,以此类推。

本书为《手册》的第三分册,内容包括铁路桥涵工程现场安全监督检查、铁路桥涵工程质量监督检查;旨在明确桥梁工程实体质量、现场安全监督重点事项,突出施工、监理控制关键环节,督促参建各方压实主体责任,克服当前桥梁工程常见的质量通病,提高建设管理水平,保证工程优质安全。

《手册》编撰过程中,参考了大量铁路相关法律、法规、规范、规程、验收标准和参考文献资料,特向原作者个人和单位表示感谢。同时,国家铁路局、广州铁路监督管理局给予了大力支持,在此一并感谢。

《手册》作为铁路建设工程监管工作的依据,供各级铁路建设行政主管部门、监管部门、监督机构和建设管理单位参考使用。使用过程中发现的问题和意见建议,请反馈至广东省交通运输厅地方铁路处(地址:广州市越秀区白云路27号,邮政编码:510101),供今后修订参考。

广东省交通运输厅
2023年6月

CONTENTS 目 录

第一章 铁路桥涵工程现场安全监督检查 ········· 1
　　一、主要检查内容 ········· 1
　　二、安全控制措施 ········· 2
　　三、监督检查事项 ········· 8

第二章 铁路桥涵工程质量监督检查 ········· 45
　　一、主要检查内容 ········· 45
　　二、质量控制措施 ········· 46
　　三、监督检查事项 ········· 55

附录 铁路建设工程监督检查常用的法律、法规、规章、制度、标准和规范
········· 98

第一章
铁路桥涵工程现场安全监督检查

铁路桥涵是铁路桥梁和铁路涵洞的统称。铁路桥梁是铁路跨越河流、湖泊、海峡、山谷或其他障碍物，以及为实现铁路线路与铁路线路或道路的立体交叉而修建的构筑物，主要由桥跨、桥墩、桥台、基础和桥梁防护构筑物等组成。铁路涵洞是设于铁路路基下的排水或交通孔道。

铁路桥梁按桥跨结构可分为梁桥、拱桥、刚构桥、悬索桥和组合体系桥等；按用途可分为铁路桥、公路铁路两用桥等。铁路桥梁工程一般包括桥址勘测、桥梁设计、桥梁施工和桥梁养护维修等步骤。本书主要介绍铁路桥涵的施工现场安全和工程实体质量监管重点事项。

一、主要检查内容

铁路桥涵工程现场安全监督检查包含以下内容：

地基与基础包含一般规定、围堰、明挖基础、钻孔桩、挖孔桩（挖井）、承台等检查事项。

墩台包含一般规定、脚手架、高处作业爬梯、特种设备、墩台施工等检查事项。

预制梁制运架包含预应力混凝土简支箱梁、T梁预制及运架，预应力混凝土简支梁桥位制梁等检查事项。

预应力混凝土连续梁（刚构），包含一般规定、悬臂浇筑、支架法现浇、连续梁顶推、连续梁转体等检查事项。

钢梁包含一般规定、支架法拼装钢梁、纵移法架设钢梁、悬臂拼装钢梁、钢梁涂装等检查事项。

拱桥包含一般规定、缆索式起重机、现浇钢筋混凝土拱桥、装配式混凝土拱桥、系杆拱桥、钢管（箱）拱桥、钢桁架拱桥、劲性骨架拱桥等检查事项。

斜拉桥包含一般规定、主塔施工、主梁施工、斜拉索等检查事项。

涵洞包含一般规定、涵洞、渡槽和倒虹吸等检查事项。

另外还有桥面系及附属工程、水上及跨越道路施工、营业线桥涵施工检查事项。

二、安全控制措施

1. 地基及基础

1) 一般规定

(1) 地基及基础工程施工作业应考虑主要危险源和危险因素,制订相应的风险管控措施。

(2) 钢围堰、深基坑、挖孔桩(井)、沉井等危险性较大的工程施工前,应按规定编制专项施工方案,属于重大危险源的按规定组织施工条件验收。

2) 围堰

(1) 围堰的形式、高度和防水应符合设计和专项施工方案要求。

(2) 围堰顶高程应满足水文、地质及施工要求,并在专项施工方案中明确。

(3) 围堰施工过程中,应加强对其变形、渗水和冲刷情况的监测,发现异常及时处理。

(4) 围堰内设置不少于2处施工爬梯作为人员出入或应急逃生通道。

3) 明挖基础

(1) 深基坑开挖、支护和降排水施工应与设计工况一致,严禁先开挖后支护。

(2) 深基坑施工应按方案对支护结构的位移和应力、地下水位变化等项目进行监控量测。

4) 钻孔桩

(1) 发生卡钻、掉钻需要打捞时,应制订专项施工方案,严禁人员进入桩孔内。

(2) 邻近高压线或营业线施工时,钻机必须采取可靠的防触电、防倾覆措施。

5) 挖孔桩(挖井)

(1) 孔深15m及以上的人工挖孔桩专项施工方案必须经过专家评审;孔深30m以上的不应采用人工成孔;钻孔桩改为人工挖孔桩施工的,应事先办理设计变更手续。

(2) 人工挖孔的成孔顺序、邻孔的开挖高差应符合设计规定;邻桩跳挖的最小施工净距不应小于4.5m。

6) 承台

承台为双层钢筋布置时,应设置牢靠的支撑马凳。支撑马凳应进行施工设计和检算。上层钢筋上严禁堆放超重的材料和机具。

2. 墩台

1) 一般规定

(1) 墩台施工中应考虑主要危险源和危险因素,制订相应的风险管控措施。

(2) 墩身钢筋应控制一次绑扎高度,必要时应搭设临时支架等稳固措施,防止钢筋骨架倾覆。

2）脚手架、高处作业爬梯

（1）脚手架内人员上下通道应有醒目的限人、限载标识，入口处搭设安全通道。

（2）搭拆脚手架时，应对施工区域进行安全围挡并设置警示标志。

3）特种设备

施工电梯、塔式起重机等应按规定安装风速仪，风力4级及以上时不得进行加高和顶升作业。

4）墩台施工

模板拉杆的规格、材质、数量和安装位置等应符合模板设计要求，采用双螺母垫板紧固，螺母紧固后应有不小于5个丝扣的冗长；严禁将拉杆直接固定在模板面板上。

3. 预制梁制运架

1）一般规定

（1）预制梁架设应进行危险源辨识和重大危险源施工条件资料验收，制订相应的风险管控措施。

（2）梁体搬（提）、运、架设应按规定编制和审批专项施工方案。

（3）大型设备应建立技术档案。

（4）运架现场防护情况符合相关要求。

2）预应力混凝土简支箱梁预制及运架

（1）现场张拉区应设立防护措施及警示标志。

（2）终张拉后的装车吊运时应建立管道压浆强度资料。

（3）运梁通道承载力应进行检算和试验。

（4）运架梁设备主要受力杆件应定期进行无损检测。

3）预应力混凝土简支T梁预制及运架

（1）制订运梁车防溜措施。

（2）横隔板及湿接缝施工现场工作平台和安全防护应符合要求。

4）预应力混凝土简支箱梁桥位制梁

（1）支架、移动模架、移动支架应按规定编制和审批方案。

（2）支架、移动模架、移动支架的预压方案和现场实施符合要求。

（3）现场的安全防护措施和风速仪、防雷、防风等设施符合要求。

5）预应力混凝土简支梁桥位制梁

（1）支架、移动模架、移动支架应按规定编制和审批方案。

（2）支架、移动模架、移动支架的预压方案和现场实施符合要求。

(3)现场的安全防护措施和风速仪、防雷、防风等设施符合要求。

4. 预应力混凝土连续梁(刚构)

1)一般规定

(1)预应力混凝土连续梁(刚构)施工作业过程中应考虑主要危险源和危险因素,制订相应的风险管控措施。

(2)预应力混凝土连续梁(刚构)施工应按规定编制专项施工方案,属于重大危险源的按规定组织施工条件验收,并对施工全过程进行监测和控制。

2)悬臂浇筑

悬臂浇筑施工区域应设置安全防护区并有明显的警示标志,严禁非施工人员和车辆通行或逗留。

3)支架法现浇

(1)支架结构应具有足够的强度、刚度和稳定性。支架设计、施工、验收应符合规定。

(2)支架基础必须坚固、密实,具有足够的承载力,防止出现不均匀沉降,做好支架范围内地面的纵向和横向排水处理。

(3)支架搭设前,应对进场的支架杆件、构配件进行检查验收。

(4)支架搭设应按规定设置抱墩附墙刚性支撑及安全平网、立体交叉作业防护网和防雷、临时用电接地装置。

4)连续梁顶推

(1)顶推设备水平千斤顶的实际总顶推力不应小于计算顶推力的2倍;当下坡顶推时应采取相应的制动措施;导梁的强度、刚度和稳定性以及与主梁的连接应进行检算;临时墩应有专项设计方案。

(2)应验算墩顶在偏压情况下的结构安全度,顶推引起的墩顶位移值和墩顶水平力,不得超过允许值。

5)连续梁转体

(1)转动体系抗倾覆安全系数应大于1.5,四周的撑脚应有良好的保险和稳定作用。

(2)转体前,应进行桥体称重,根据实测不平衡力矩推算出所需配载重量。主梁试转后,根据量测监控数据进行二次配重。

(3)转体前清理桥面上多余物料,转体过程中角速度不得大于 $0.02\,\mathrm{rad/min}$,严禁猛拉、骤停。

5. 钢梁

1)一般规定

施工中应制订防雷、防滑、防高强螺栓摩擦面污染,按规定设置消防设施。

2）支架法拼装钢梁

操作平台应按照规定进行防护。

3）纵移法架设钢梁

钢梁纵移应制订抗倾覆措施。

4）悬臂拼装钢梁

(1) 悬臂拼装钢梁设计资料应齐全。

(2) 悬臂拼装钢梁临时支墩和托架应按照规定进行安全管理。

5）钢梁涂装

钢梁涂装作业应按照规定制订现场安全防护和消防措施。

6. 拱桥

1）一般规定

拱桥施工应按照规定编制专项施工方案，属于重大危险源的按规定组织施工条件验收，并对施工全过程进行监测和控制。

2）缆索起重机

(1) 缆索起重机应进行专项设计。缆索起重机安装、使用和拆卸前应编制专项施工方案。

(2) 缆索起重机塔顶应设置可靠的避雷装置。

3）现浇钢筋混凝土拱桥

拱架拼装应编制专项施工方案。拼装时应设置足够的平联、斜撑和剪刀撑，保证横向稳定。

4）装配式混凝土拱桥

(1) 支架法拼装拱节的支架及基础应进行专项设计和检算。

(2) 拱节吊装按照设计要求顺序或有关规定进行。

(3) 拱肋湿接头混凝土强度达到设计要求后，方可拆除拱肋支架。

5）系杆拱桥

现浇钢筋混凝土拱肋模板应与支架连接牢固、支撑牢靠，拱肋两侧应设置操作平台及施工爬梯；拱肋混凝土应按设计要求的顺序进行浇筑，保证拱肋两端同步、对称浇筑；在浇筑过程中应随时观察拱架和模板的变形。

6）钢管（箱）拱桥

(1) 扣塔、扣索、锚定组成的系统强度、刚度和稳定性应满足设计要求。

(2) 扣塔架设及扣锚索张拉应搭设操作平台及张拉平台。

(3) 扣塔上应设缆风索，缆风索安全系数应大于2.0，扣索、锚索应逐根分级，对称张拉、放张；扣索、锚索安全系数应大于2.0。

7)钢桁架拱桥

各种大型临时设施和重要临时设施在安装完毕后,必须经过检查验收后方可使用。架梁起重机试吊、吊索架初张拉、支架设施及安全网等应验收合格。

8)劲性骨架拱桥

(1)劲性骨架拱圈混凝土采用分环分段浇筑时,必须在混凝土强度达到设计要求后,方可进行下一环或下一段施工。

(2)拱圈(拱肋)混凝土浇筑时,必须设置专用的施工爬梯、操作平台和安全防护措施。

7. 斜拉桥

1)一般规定

斜拉桥施工应按规定编制专项施工方案,属于重大危险源的按规定组织施工条件验收,并对施工全过程进行监测和控制。

2)主塔施工

(1)主塔施工应设置避雷装置,并定期检测防雷接地电阻。

(2)主塔、横梁等高处作业,应形成主塔塔身封闭的高处作业系统,每层施工面应设置安全立网和平网。

3)主梁施工

(1)对设计为漂浮或半漂浮体系的斜拉桥,在主梁施工期间应使塔、梁临时固结。

(2)梁段斜拉索按设计要求完成安装、张拉后,方可进入下一节段主梁施工。

4)斜拉索

(1)斜拉索展开时,锚头小车应保持平衡,操作人员与索体距离不得小于1m。

(2)挂索前,应检查塔内撑脚千斤顶、手拉葫芦及千斤顶的吊挂情况是否符合要求。

8. 涵洞

1)一般规定

(1)应进行主要危险源辨识,制订相应的风险管控措施。

(2)应编制专项施工方案,属于重大危险源的按规定组织施工条件验收;下穿既有铁路、公路施工时按规定对邻近建筑物进行变形、位移监测。

(3)涵洞顶部回填时强度应达到设计要求。

2)涵洞

起重吊装涵洞预制件时吊点和支点应符合设计要求;应按规定搭设作业平台、爬梯和安全防护栏杆;边墙、顶板的支架和模板,应按最不利荷载设计检算。

3)渡槽和倒虹吸

(1)立体交叉作业或跨越既有道路时,应设置警戒区域、警示标志和安全防护设施。

(2)倒虹吸管进出口竖井完工后,应及时施作上口盖板和下口栅栏。

9. 桥面系及附属工程

1)一般规定

(1)应进行主要危险源辨识,制订相应的风险管控措施。

(2)应按规定编制专项施工方案,属于重大危险源的按规定组织施工条件验收。

2)桥面系及附属工程

(1)桥面系施工时,两侧应设置防护栏杆。

(2)明桥面施工期间,应控制桥下人员、车辆或机械设备的通行和驻留,必要时采取搭设防护棚等安全措施。

(3)自制吊装机具应专门设计,制订安全操作规程,经验收合格后开始使用。

(4)遮板吊装就位应于预埋钢筋焊接后解除提吊状态。

(5)防水施工时严禁烟火,并配备必要的消防器材。

10. 水上及跨越道路施工

1)一般规定

(1)应进行危险源辨识,制订相应的风险管控措施。

(2)水上及跨越道路施工应按规定编制专项施工方案,属于重大危险源的应按规定组织施工条件验收。

2)水上施工

(1)按规定办理河道、航道内施工许可和相关手续。

(2)取得《水上水下施工作业许可证》,办理准予发布航行警告、航行通告的相关手续。

(3)水上施工用船舶,应经检验并取得船舶检验证书,经海事管理机构依法登记并持有证书。

(4)施工用船舶的船员,需取得海事管理机构颁发的适任证书或者其他适任证件。

(5)水上施工应设置必要的安全作业区或警戒区,设置有关标志或配备警戒船。

(6)受汛期影响的,应制订防汛安全专项预案并演练,指定专人不间断值班。

(7)栈桥、施工平台等施工区域应布置禁航信号标志,设置临时航道助航标志。

(8)施工船舶应按规定设置航运标志,配备救生、消防等应急装备。

3)跨越道路施工

(1)应联系道路主管部门和公安机关交通管理部门办理施工或封锁道路的许可手续。

(2)设置施工标志、路栏、锥形交通路标等安全设施,夜间反光或施工警告灯光信号;行车道前方设置限位门架,支架支墩设置防撞墩加以保护;跨越公路架梁过孔和落梁前,进行交通管制;采取防护棚等防坠落设施,防止落物伤及行人和车辆。

11. 营业线桥涵施工

1）一般规定

（1）应进行危险源辨识，制订相应的风险管控措施。

（2）应按规定编制专项施工方案，属于重大危险源的应按规定组织施工条件验收。

2）营业线桥涵施工

（1）营业线施工方案应报相关部门审批，签订施工安全协议和配合协议，上报月度施工计划。

（2）建设各方营业线施工现场主要管理人员、带班人员、现场防护员、驻站联络员等，应按规定培训并持证上岗。

（3）对已经暴露的管线应采取保护措施。

（4）施工前应核对桥位处铁路两侧地质勘测。

（5）涉及营业线施工的按规定设置防护，驻站联络员和工地防护员按制度联系。

（6）对既有线路基、轨道、桥涵等构筑物进行监测，发现异常及时处理。

（7）所有施工人员上道作业应按规定着装。

（8）铁路安保区范围内的施工机械设备实行"一机一人"防护；高大机械采取防倾覆措施。

三、监督检查事项

铁路桥涵工程现场安全监督检查项点主要有检查环节、检查内容和方法、检查依据、常见问题或情形、定性、处理依据和处理措施，具体内容详见表1-1～表1-11。

第一章 ◇ 铁路桥涵工程现场安全监督检查

地基与基础监督检查事项

表1-1

序号	检查环节	检查内容和方法	检查依据	常见问题或情形	定性	处理依据	处理措施
1	一般规定	1. 危险源辨识情况； 2. 专项方案和施工条件验收资料	D03 第4.1.1条 D03 第4.1.2条	主要危险源辨识不全，未制订相应的风险管控措施 钢围堰、深基坑、挖孔桩（井）、沉井等危险性较大的工程未按规定编制专项施工方案，属于重大危险源的未按规定组织施工条件验收	— 在施工组织设计中未编制专项施工方案	— B01 第六十五条	责令改正 责令限期改正，罚款
2	围堰	1. 围堰方案中的结构检算和顶高程编制依据； 2. 围堰监控监测资料； 3. 围堰现场应急逃生通道设置情况	D03 第4.3.1条～ 第4.3.4条	1. 没有围堰结构检算资料； 2. 围堰顶高程没有考虑水文、地质要求； 3. 围堰施工过程中未监测变形、渗水、冲刷情况，发现异常未处理； 4. 围堰内未设置2处以上施工爬梯作为人员出入或应急逃生通道	未考虑周围环境影响	B01 第六十四条	责令限期改正，罚款

续上表

序号	检查环节	检查内容和方法	检查依据	常见问题或情形	定性	处理依据	处理措施
3	明挖基础	1. 设计文件中排水、支挡和防护措施； 2. 施工工序； 3. 深基坑监控量测	D03 第4.4.2条～ 第4.4.4条	1. 地质复杂的陡坡地带开挖时，在设计中未明确开挖坡比、永久性排水、支挡或防护措施；在施工中先开挖后防护，扰动坡体； 2. 深基坑开挖、支护和降排水施工与设计工况不一致，先开挖后支护或专项施工方案要求、专项方案不符合设计有关规定； 3. 深基坑施工过程中未按方案对支护结构的位移、应力、邻近建筑物的沉降与位移，地下水位变化、基坑隆起等项目进行监测	违反强制性标准	B01 第六十四条	责令限期改正，罚款
4	钻孔桩	卡钻、掉钻的处理过程记录	D03 第4.6.4条	发生卡钻、掉钻需要打捞时未制订专项施工方案，人员进入桩孔内	未编制专项施工方案	B01 第六十五条	责令限期改正，罚款
		高压线或营业线附近触电和防设备倾覆措施及现场执行情况	D03 第4.6.6条	在高压线或营业线附近施工，无防触电和防设备倾覆措施	未对因建设工程施工可能造成损害的毗邻建筑物采取专项防护措施	B01 第六十四条	责令限期改正，罚款

续上表

序号	检查环节	检查内容和方法	检查依据	常见问题或情形	定性	处理依据	处理措施
5	挖孔桩(挖井)	1. 钻孔桩改挖孔桩的变更资料； 2. 现场安全警示标志和安全防护用品的设置、配备情况； 3. 起重机具的维修记录，孔内是否设置防止物体坠落设施，起吊设备是否有限位器和防脱钩装置； 4. 爆破方案及现场爆破防护情况； 5. 现场孔内通风情况	D03 第4.7.1条~ 第4.7.7条	1. 孔深15m及以上的施工方案未经过专家评审；孔深30m以上的采用人工成孔，钻孔桩改为人工挖孔桩没有办理设计变更手续； 2. 人工挖矿的成孔顺序、邻孔的开挖顺序不符合设计规定；跳挖时的最小施工净距小于4.5m； 3. 未设置人员上下爬梯和防坠器，提升卷扬设备未安装上限位装置，未检测有害气体等； 4. 每环护壁未预埋竖向接茬钢筋； 5. 在易塌孔的粉砂层或松软土层且地下水位较高时未采用其他方法成孔； 6. 现场进行爆破时，近孔的作业人员未撤离至安全地带；一孔深超过10m时，未采用机械通风措施，孔内积水未及时抽排	危险性较大的分部分项工程专项施工方案未经专家审查，现场安全施工措施不到位	B01 第六十四条	责令限期改正，罚款

11

续上表

序号	检查环节	检查内容和方法	检查依据	常见问题或情形	定性	处理依据	处理措施
6	承台	1. 现场放坡开挖时周边动载作业和堆载情况； 2. 现场施工是否设置支撑马凳、上层钢筋是否违规堆载重物	D03 第4.8.2条	放坡开挖时，开挖深度2.5倍范围内需要进行动载作业或堆放渣土、材料时，动载、堆载的限制不符合设计要求或未检算确定	违反强制性标准	B01 第六十四条	责令改正
			D03 第4.8.5条	承台为双层钢筋布置时，未设置牢靠的支撑马凳；支撑马凳没有进行施工检算和检算；上层钢筋上堆放超重的材料和机具			

墩台监督检查事项

表1-2

序号	检查环节	检查内容和方法	检查依据	常见问题或情形	定性	处理依据	处理措施
1	一般规定	1. 危险源辨识和重大危险物施工条件验收资料； 2. 墩身方案编制审批和模板专项设计及检算资料； 3. 现场模板拆除情况； 4. 施工电梯、施工塔式起重机等特种设备的监督检验验收情况，注册登记情况	D03 第5.1.1条～ 第5.1.3条	1. 主要危险源辨识不全，未制订相应的风险管控措施； 2. 墩身模板未按规定进行专项设计和检算，未按规定组织施工条件验收，属于重大危险源的未按规定编制专项施工方案； 3. 墩身钢筋未控制一次绑扎高度，必要时未采用临时支架等稳固措施	未编制专项施工方案，现场安全施工措施不到位	B01 第六十四条、 第六十五条	责令限期改正，罚款

续上表

序号	检查环节	检查内容和方法	检查依据	常见问题或情形	定性	处理依据	处理措施
1	一般规定	1. 陡坡地带施工安全防护情况和监测； 2. 已完成墩台是否有堆土偏差现象	D03 第5.1.5条~ 第5.1.9条	1. 在地质复杂的陡坡地带进行墩(台)施工时，未监测坡体稳定性，未设置警示标志； 2. 施工弃土倾倒在墩台一侧，造成偏压； 3. 高处作业未搭设爬梯，使用起重机械吊人； 4. 挖掘作业影响模板支架及脚手架的基础稳定性； 5. 抛掷拆除的构件	违反强制性标准	B01 第六十四条	责令限期改正，罚款
2	脚手架、高处作业爬梯	1. 现场脚手架设置和连接情况； 2. 现场脚手架拆除作业是否符合方案和规范要求	D03 第5.2.7条、 第5.2.9条~ 第5.2.11条	1. 脚手架、工作平台、模板及其支撑体系连接，将模板支架、缆绳、混凝土输送泵管等与脚手架或塔式起重机立柱连接； 2. 脚手架内人员上下通道没有醒目的限人、限载标识，人口处没有设置安全通道； 3. 搭拆脚手架时，施工区域没有围挡，没有设置警示标志； 4. 脚手架拆除没有自上而下逐层进行，上下层同时作业	未在施工现场的危险部位设置明显的安全警示标志	B01 第六十二条	责令限期改正，罚款

续上表

序号	检查环节	检查内容和方法	检查依据	常见问题或情形	定性	处理依据	处理措施
3	特种设备	1. 施工电梯、塔式起重机是否安装风速仪及其加高、顶升作业时的风力等级； 2. 施工电梯日常检查情况； 3. 吊篮现场使用人数和安全限位设施	D03 第5.3.5条、 第5.3.9条、 第5.3.30条	1. 施工电梯、塔式起重机等未按规定安装风速仪；风力4级及以上时进行加高、顶升作业； 2. 施工电梯每次使用前未对防坠装置进行试验检查；坠落试验频次不足； 3. 高处作业吊篮载人数量大于2人；限位设施不齐全、不灵敏可靠	机械设备、施工机具及配件进场前未经查验或查验不合格	B01 第六十五条	责令限期改正、罚款
4	墩台施工	1. 现场模板加固情况； 2. 模板吊装和拆除情况	D03 第5.4.3条、 第5.4.4条 （第5.4.9条）、 第5.4.8条	1. 模板拉杆未采用双螺母垫板紧固，螺母紧固后小于5个丝扣的冗长，拉杆直接固定在模板面板上； 2. 模板吊装和拆除时，没有拴溜绳； 3. 模板拆除未遵循"自上而下、分节分块、先立后拆"的原则；拆除承重模板时混凝土强度未达到设计要求	违反强制性标准	B01 第六十四条	责令改正

预制梁运架监督检查事项

表 1-3

序号	检查环节	检查内容和方法	检查依据	常见问题或情形	定性	处理依据	处理措施
1	预应力混凝土简支箱梁预制及运架	1. 危险源辨识和重大危险源辨识条件验收资料; 2. 专项方案编制和审批情况; 3. 大型设备技术档案; 4. 现场张拉区的防护措施及警示标志; 5. 终张拉后的装车吊运时管道压浆强度资料; 6. 运架通道承载力检算和试验资料; 7. 运架梁现场安全防护情况; 8. 运架梁主要受力构件定期无损检测情况	D03 第6.1.1条、 第6.1.2条、 第6.1.5条、 第6.2.18条、 第6.2.19条、 第6.3.2条、 第6.5.1条、 第6.5.29条、 第6.5.33条	1. 主要危险源辨识不全,未制订相应的风险管控措施; 2. 箱梁搬(提)、运、架设备安装、拆卸和箱梁搬(提)、运、架作业,未按规定编制专项工方案,未按规定组织施工条件验收;属于重大危险源的未按规定组织施工条件验收; 3. 未按规定建立箱梁搬(提)、运、架设备等大型设备安全技术档案; 4. 后张法制梁张拉平台无防护屏障; 5. 张拉区域未设置明显的警示标志;张拉时,千斤顶后面和油管接头部位附近随意站人,踩踏高压油管; 6. 后张梁在初张拉后移梁时,梁上堆放其他重物,终张拉后管道压浆未达到规定强度即进行移梁作业; 7. 运梁通道范围内的路基、桥涵、临时结构物等,未检算和试验其承载力;	未编制专项施工方案;危险部位未设置明显的警示标志;现场安全施工措施不到位	B01 第六十二条、 第六十四条、 第六十五条	责令限期改正,罚款
					违反强制性标准	B01 第六十二条、 第六十四条	责令改正

续上表

序号	检查环节	检查内容和方法	检查依据	常见问题或情形	定性	处理依据	处理措施
1	预应力混凝土简支箱梁预制及运架	1. 危险源辨识和重大危险源施工条件验收资料及警示标志； 2. 箱梁（撤）运、架设专项方案编制和审批情况； 3. 大型设备技术档案； 4. 现场张拉区的防护措施； 5. 终张拉后的装车吊运时管道压浆强度资料； 6. 运梁通道承载力检算和试验资料； 7. 运架梁现场安全防护情况； 8. 运架梁主要受力构件定期无损检测情况	D03 第6.1.1条、 第6.1.2条、 第6.1.5条、 第6.2.18条、 第6.2.19条、 第6.3.2条、 第6.5.1条、 第6.5.29条、 第6.5.33条	8. 架梁作业时现场未设置警戒和安全防护标志；梁面、墩顶临边处未设置防护栏杆；跨越道路时，未根据需要搭设安全防护棚架；水上架梁时，未配置救生圈、救生衣等安全防护用品； 9. 每架设500孔，未对架桥机主要焊缝、吊杆、销轴等进行检测	违反强制性标准	B01 第六十二条、 第六十四条	责令改正
2	预应力混凝土简支T梁预制及运架	1. 危险源辨识和重大危险源施工条件验收资料； 2. 预应力混凝土简支T梁提、运、架设专项方案编制和审批情况； 3. 运、架梁施工现场安全防护措施及运梁车的防溜等措施； 4. 横隔板和湿接缝施工现场的工作平台和安全防护	D03 第7.1.1条、 第7.1.2条	1. 主要危险源辨识不全，未制订相应的风险管控措施； 2. 预应力混凝土简支T梁提、运、架施工未按规定编制专项施工方案；属于重大危险源的未按规定组织施工条件验收	未编专项施工方案	B01 第六十五条	责令限期改正，罚款
			D03 第7.3.1条、 第7.3.3条	1. 架梁作业区域未设置明显警示标志及必要的安全防护设施，非架梁人员随意进入作业区； 2. 架桥机过孔前，未使用临时支撑稳固梁体两侧，未及时做做横向连接和湿接缝；	危险部位未设置明显的警示标志	B01 第六十二条	责令限期改正，罚款

第一章 ◇ 铁路桥涵工程现场安全监督检查

续上表

序号	检查环节	检查内容和方法	检查依据	常见问题或情形	定性	处理依据	处理措施
2	预应力混凝土简支T梁预制及运架	1. 危险源辨识和重大危险源施工条件验收资料; 2. 预应力混凝土简支T梁提、运、架设专项方案编制和审批情况; 3. 运梁、架梁施工现场安全防护措施和运梁车的防溜等措施; 4. 横隔板和湿接缝施工现场的工作平台和安全防护	第7.3.14条、第7.3.24条	3. 坡道和曲线架梁时,运梁车没有防溜、防倾覆措施,架桥机未使用止轮装置; 4. 横隔板和湿接缝施工时,未设置安全可靠的工作平台;张拉作业平台未设置警示标志和防护网,桥头未设置警示标志和防护设施	危险部位未设置明显的警示标志	B01 第六十二条	责令限期改正,罚款
3	预应力混凝土简支梁桥位制梁	1. 危险源辨识和重大危险源的施工条件验收资料; 2. 支架、移动模架、移动支架的方案编制和审批; 3. 移动模架、移动支架大型设备的技术档案	D03 第8.1.1条~第8.1.3条	1. 主要危险源辨识不全,未制订相应的风险管控措施; 2. 属于重大危险工条件施工方案;属于重大危险工程施工过程中未进行监测和控制; 3. 移动模架、移动支架、节段梁架桥机等大型非标设备的设计、制造、使用不符合相关规定	未按规定编制专项施工方案;机械设备进场前未经查验或查验不合格	B01 第六十五条	责令限期改正,罚款

续上表

序号	检查环节	检查内容和方法	检查依据	常见问题或情形	定性	处理依据	处理措施
3	预应力混凝土简支梁桥位制梁	1. 支架、移动模架、移动支架的预压方案和现场实施情况；2. 现场的安全防护措施和风速仪、防雷、防风等设施	D03 第8.2.8条、第8.3.1条~第8.3.3条	1. 支架预压的加载顺序和混凝土浇筑顺序不一致；支架未采用不小于1.1倍施工总荷载的荷载进行预压；2. 移动模架在各种工况下的设计抗倾覆稳定系数小于1.5；3. 移动模架上部两侧未设置人行道和防护栏杆，未挂安全网；4. 移动模架未根据需要安装风速仪、防雷、防风装置	—	—	—
			D03 第8.3.5条、第8.3.6条	1. 移动模架首次拼装后应采用小于1.2倍的施工总荷载进行预压，虽检验合格，但未由制造厂家和使用单位共同签认；每次重新拼装后应采用小于1.1倍的施工总荷载进行预压；2. 梁体初张拉尚未完成即进行移动模架过孔；移动模架未设置可靠的纵向过孔限位装置	—	—	—

第一章 ◇ 铁路桥涵工程现场安全监督检查

续上表

序号	检查环节	检查内容和方法	检查依据	常见问题或情形	定性	处理依据	处理措施
3	预应力混凝土简支梁拆位制梁	1. 支架、移动模架、移动支架的预压施工方案和现场实施情况; 2. 现场的安全防护措施和风速仪、防雷、防风等设施情况	D03 第8.3.11条、 第8.4.1条	1. 移动模架施工未设置防护区或未设立明显警示标志; 2. 移动支架在各种工况下的设计抗倾覆稳定系数小于1.5	危险部位未设置明显的警示标志	B01 第六十二条	责令限期改正,罚款

表 1-4 预应力混凝土连续梁(刚构)监督检查事项

序号	检查环节	检查内容和方法	检查依据	常见问题或情形	定性	处理依据	处理措施
1	一般规定	1. 专项施工方案编制审批,重大危险源施工条件验收、监测和控制情况; 2. 挂篮、悬臂起重机等非标准设备的设计、制造、使用、拆卸情况; 3. 跨公路、通航河道作业安全防护设施和警示标志设置情况	D03 第9.1.2条~ 第9.1.4条	1. 连续梁(钢构)施工重大危险源未按规定组织施工全过程进行条件验收,未对施工全过程进行监测和控制; 2. 挂篮设备未由有资质的单位进行专项设计和制造;挂篮未按最大施工荷载的1.2倍进行预压,悬臂起重机未分别按1.1倍、1.25倍设计荷载的静载和1.1倍设计荷载的动载起吊试验; 3. 跨公路、通航河道作业时未按规定设置安全防护设施和警示标志	—	—	责令改正

续上表

序号	检查环节	检查内容和方法	检查依据	常见问题或情形	定性	处理依据	处理措施
		挂篮的检算资料	D03 第9.2.1条	挂篮总重量超过设计规定；梁段混凝土浇筑及走行时的抗倾覆安全系数、自锚固系统的安全系数小于2	—	—	责令改正
2	悬臂浇筑	1. 挂篮作业平台、四周的防护情况、精轧螺纹钢筋防杆使用双螺母锁紧情况； 2. 现场混凝土浇筑情况； 3. 挂篮移位安全措施； 4. 现场安全警示标志设置情况	D03 第9.2.3条、第9.2.4条、第9.2.6条、第9.2.11条	1. 挂篮作业平台未挂安全网，未设置安全围栏和专用施工爬梯；挂篮拼装过程中，随意对螺栓孔进行切割扩孔；擅自在精轧螺纹钢筋吊杆上进行电、气焊，所有精轧螺纹钢筋吊杆未使用双螺母锁紧；挂篮现场组拼后，未进行预压试验； 2. 混凝土浇筑前未对锚固系统、吊挂系统和限位装置进行全面检查，梁段浇筑不对称，合拢段、梁转换体系施工不符合设计和相关规定； 3. 挂篮移位不符合专项施工方案的要求和相关规定； 4. 悬臂浇筑施工区域未设置明显的警示标志	现场安全措施不足	B01 第六十四条	责令限期改正，罚款
		跨越电气化营业线施工时的挂篮防电安全方案及实施情况	D03 第9.2.9条	跨越电气化营业线铁路施工时，未制订挂篮防电安全方案	在施组中未编制安全技术措施	B01 第六十五条	责令限期改正，罚款

续上表

序号	检查环节	检查内容和方法	检查依据	常见问题或情形	定性	处理依据	处理措施
3	支架法现浇	1. 专项施工方案及审批资料； 2. 支架结构的检算资料，支架基础的承载力试验，支架范围内的排水情况； 3. 支架杆件、构配件进行检查验收记录； 4. 现场支架搭设情况； 5. 支架预压及支架体系监控量测记录； 6. 支架预压和混凝土浇筑时对支架体系、基础的观察和监测； 7. 混凝土泵送管道、高处作业爬梯、塔式起重机及其附墙件等的设置情况	D03 （第8.2.2条） 第9.4.4条 第8.2.6条、 第8.2.8条～ 第8.2.10条）	1. 支架结构的强度、刚度和稳定性不足； 2. 支架基础承载力不足，支架范围内地面未按规定做好排水处理； 3. 支架搭设前未按规定对进场的支架杆件、构配件进行检查验收； 4. 支架搭设未安置抱墩附墙刚性支撑及安全平网、立体交叉作业防护网和防雷、临时用电接地装置； 5. 支架搭设不符合专项施工方案的要求； 6. 支架预压荷载小于最大施工荷载的1.1倍，预压体系监控量测不符合专项施工方案及支架体系监控量测不符合专项施工方案的要求； 7. 支架预压和混凝土浇筑时未设专人对架体、基础、高处作业进行观察和监测； 8. 混凝土泵送管道、高处作业爬梯、塔式起重机及其附墙件等与支撑架连接	—	—	责令改正

续上表

序号	检查环节	检查内容和方法	检查依据	常见问题或情形	定性	处理依据	处理措施
4	连续梁顶推	1. 专项施工方案及审批资料； 2. 顶推设施和设备的配备、检算资料； 3. 顶推过程中的监测监控和观测检查资料	D03 第9.5.1条~ 第9.5.3条	1. 顶推设备水平千斤顶的实际总顶推力小于计算顶推力的2倍；下坡顶推时未采取制动措施；导梁的强度、刚度和稳定性以及与主梁的连接未进行检算；临时墩无专项设计方案； 2. 未验算墩顶在偏压情况下的结构安全度，顶推引起的墩顶位移值和墩顶水平力超过允许值； 3. 顶推过程中未对梁体的轴线位置、墩台变形、主梁及导梁整体截面的扰度和应力变化、顶推力以及顶推引起的墩顶水平力等进行施工监测监控	—	—	
		1. 顶推防滑防溜装置、顶推过程中观测检查情况；		D03 第9.5.5条、 第9.5.6条	1. 顶推方向为下坡方向未设置可靠的防滑防溜装置； 2. 顶推梁体时未及时对梁体、桥墩台，临时墩、导梁、滑道等进行观测检查；			责令改正

续上表

序号	检查环节	检查内容和方法	检查依据	常见问题或情形	定性	处理依据	处理措施
4	连续梁顶推	2. 落梁前、落梁中、落梁后的安全防护设施； 3. 落梁施工安全	第9.5.8条、第9.5.9条	3. 高处作业未设置工作平台、人行走道，周栏和安全网等防护设施；未配好施工爬梯，未挂好安全带并配备必需的劳保用品；向下抛掷料具设备等； 4. 落梁前未拆除临时预应力钢筋，未按设计要求的顺序张拉完成后预应力钢筋；落梁时无保险设施；落梁完毕拆除千斤顶及其他设备、起吊时碰撞梁体	—	—	责令改正
5	连续梁转体	1. 施工设计图、专项施工方案及审批资料； 2. 转动体系抗倾覆资料；	D03 第9.6.2条、	1. 转动体系抗倾覆安全系数小于1.5，四周的撑脚保险和稳定作用不符合要求；	—	—	责令改正

续上表

序号	检查环节	检查内容和方法	检查依据	常见问题或情形	定性	处理依据	处理措施
		3. 转体前的准备及验收情况； 4. 转体过程中角速度、梁端位移、梁面高程跟踪监测记录，以及球铰、撑脚检查的检查情况； 5. 限位准备和止动操作情况	第9.6.3条	2. 转体前桥体实际重心偏移量不满足设计偏心要求，主梁试转后未二次配重；转体前桥面上多余物料未清理干净； 3. 转体过程中角速度大于0.02rad/min，转体时梁端骤停情况；转体后梁端位移、梁面位移不符合专项施工方案的要求，未设专人对球铰、撑脚进行检查；转盘滑道上的障碍物未清除干净，限位准备不到位；接近止动距离时未按专项施工方案的要求进行止动操作，未设专人负责限位工作	—	—	责令改正
5	连续梁转体	转体就位后球铰处混凝土浇筑和合龙段施工情况	D03 第9.6.4条	转体就位后未按设计要求浇筑球铰处混凝土，合龙段施工不及时			

钢梁监督检查事项

表 1-5

序号	检查环节	检查内容和方法	检查依据	常见问题或情形	定性	处理依据	处理措施
1	一般规定	施工中防雷、防滑、防高强螺栓摩擦面污染措施，消防设施	D03 第11.1.8条	无防雷、防滑、防高强螺栓摩擦面污染措施，消防器材配备不足	未按照有关规定配备消防设施和灭火器	B01 第六十二条	责令限期改正，责令停业整顿，罚款
2	支架法拼装钢梁	操作平台防护情况	D03 第11.2.2条	拼装钢梁及高强螺栓施拧时操作平台未设置栏杆、脚手板未固定；防冻防滑措施不到位	—	—	责令改正
3	纵移法架设钢梁	抗倾覆情况	D03 第11.3.5条	钢梁纵移时，抗倾覆安全系数小于1.3	—	—	责令改正
4	悬臂拼装钢梁	1.悬臂拼装钢梁设计资料；2.悬臂拼装钢梁的临时支墩和托架安全管理情况	D03 第11.5.4条	无悬臂拼装钢梁的临时支墩和托架强度、刚度和稳定性的计算资料；顶部工作平台、栏杆，施工爬梯等无防护设施，未设置防撞设施和警示标志，承载时，无专人进行沉降、位移监测	—	—	责令改正

续上表

序号	检查环节	检查内容和方法	检查依据	常见问题或情形	定性	处理依据	处理措施
5	钢梁涂装	钢梁涂装作业现场安全防护和消防措施	D03 第11.7.2条、第11.7.4条	1.喷砂除锈的工作场地附近未安装防护设施和设置警示标志; 2.作业人员未正确使用劳动防护用品;作业中吸烟、携带易燃易爆危险品;车间内涂装未设置静电消除设施	未在施工现场危险部位设置明显的安全警示标志;未按照有关规定配备消防设施	B01 第六十二条	责令限期改正,责令停业整顿,罚款

表1-6 拱桥监督检查事项

序号	检查环节	检查内容和方法	检查依据	常见问题或情形	定性	处理依据	处理措施
1	一般规定	1.施工设计图、专项施工方案及审批资料; 2.拱桥的支架或斜拉扣挂系统专项设计及检算资料	D03 第12.1.2条、第12.1.4条	1.拱桥施工中属于重大危险源的未按规定组织施工条件验收,未对施工全过程进行监测和控制; 2.拱桥的支架或斜拉扣挂系统未经专项设计,无强度、刚度和稳定性检算资料;支架无可靠的落架装置,未按要求进行预压	—	—	责令改正

续上表

序号	检查环节	检查内容和方法	检查依据	常见问题或情形	定性	处理依据	处理措施
2	缆索式起重机	1. 缆索起重机设计、塔架杆件、风缆设置; 2. 塔架构件、起重机进场报验情况	D03 第12.2.1条~ 第12.2.3条、 第12.2.6条	1. 缆索起重机未经专项设计,缆索起重机安装、使用和拆除前未编制专项施工方案; 2. 缆索起重机塔顶未设置可靠的避雷装置; 3. 缆索起重机塔顶分配梁与塔身结构未可靠连接,主索鞍在横向未设置支撑装置; 4. 缆索起重机塔架构件、起重机具等未按规定进行进场检验验收	未编制专项施工方案,机械设备、施工机具及配件进场前未经查验或验收不合格	B01 第六十五条	责令限期改正、罚款
		安装、使用及维护情况	D03 第12.2.7条、 第12.2.9条、 第12.2.10条、 第12.2.14条	1. 缆索跨越公路、铁路等既有设施时未架设支架空风缆,跨越江河架设拉线未做好封航工作; 2. 缆索起重机安装完成后未进行全面检查,空载反动、静载试验; 3. 缆索起重机设置垂直起吊和水平运输限位装置; 4. 对缆索起重机塔架及风缆、缆绳系统、锚定系统、起重装置等未按规定进行经常性的检查维护	—	—	责令改正

27

续上表

序号	检查环节	检查内容和方法	检查依据	常见问题或情形	定性	处理依据	处理措施
3	现浇钢筋混凝土拱桥	1. 拱架拼装的专项方案; 2. 预压试验及全面检查记录; 3. 拱圈混凝土浇筑顺序和浇筑速度控制,拆除工序	D03 第12.3.3条、 第12.3.4条、 第12.3.5条、 第12.3.7条、 第12.3.9条	1. 拱架拼装未编制专项施工方案,拼装时未设置足够的平联、斜撑和剪刀撑; 2. 拱架安装完成后未按设计荷载和加载顺序进行预压,未全面检查拱架的平面位置、顶部高程、节点连接及纵横向的稳定性; 3. 拱圈混凝土浇筑时,未按设计要求的加载顺序与拱顶对称进行,未严格控制两端的浇筑速度,产生了过大的偏压; 4. 拱圈混凝土达到设计强度时,未按浇筑顺序"纵向对称均衡、横向同时拆除"的原则依次卸落拱架; 5. 拱架拆除时未设专人指挥,使用机械强行拽拉	—	—	责令改正

续上表

序号	检查环节	检查内容和方法	检查依据	常见问题或情形	定性	处理依据	处理措施
4	装配式混凝土拱桥	1. 支架法拼装拱节施工方案及拼装情况； 2. 无支架拼装时吊装方法和机具的选择	D03 第12.3.12条、第12.3.13条	1. 支架法拼装拱节的支架及基础未进行专项设计和检算，未按照设计要求顺序或有关规定进行拱节吊装；拱顶湿接头混凝土强度未达到设计要求即拆除拱助支架； 2. 无支架拼装拱时，索塔未锚固可靠，塔顶未按规定安装风缆固定，索卡未采用双助松索紧固；拱圈采用双助松索成拱时未采取有效的松索横向连接措施；合龙时的松索调整未对称，均匀松卸的顺序进行	—	—	责令改正
5	系杆拱桥	支架体系设计、检算资料	D03 第12.4.1条	系梁支架设计未考虑拱部重量及施工荷载；采用先梁后拱法在混凝土梁上搭设支架，施工工况与设计不符时未对梁体进行检算	未在现场采取相应的安全措施，违反强制制性标准	B01 第六十四条	责令限期改正,罚款

续上表

序号	检查环节	检查内容和方法	检查依据	常见问题或情形	定性	处理依据	处理措施
5	系杆拱桥	现浇钢筋混凝土拱肋及横撑、斜撑混凝土施工	D03 第12.4.2条	现浇钢筋混凝土拱肋模板未与支架连接牢固,支撑牢靠,拱肋两侧未设置操作平台及施工爬梯;拱肋混凝土未按设计要求的顺序进行浇筑,拱肋两端未同步、对称浇筑;浇筑过程未随时观察拱架和模板的变形			
		钢管、钢箱拱肋及风撑安装情况	D03 第12.4.3条	钢管、钢箱拱肋节段运输时,未采孤形垫木紧密粘贴,未采取防止倾倒和滑落措施;工地组拼钢管、钢箱拱肋节段时未设置必要的临时支撑;钢管、钢箱拱肋采用节段拼装时柱底未设顶立柱顶固结,柱间未设纵横向连系梁,钢管、钢箱拱肋横向未设置侧向稳定性支架;支架拼装时上未铺设人行走道和操作平台,拱肋及风撑安装施工时,支架上未设置消防、通信设施,桥上焊接人员未穿戴绝缘鞋和手套	未在现场采取相应的安全措施,违反强制性标准	B01 第六十四条	责令限期改正,罚款

续上表

序号	检查环节	检查内容和方法	检查依据	常见问题或情形	定性	处理依据	处理措施
5	系杆拱桥	钢管内混凝土压注情况	D03 第12.4.4条	钢管拱拼装完毕后，所有现场焊缝未检测合格便进行钢管混凝土压注；压注混凝土时钢管的外部支撑条件不符合设计要求，混凝土压注顺序不符合设计要求或相关规定，压注中未安排专人检查混凝土到达位置并互相通报；压注混凝土时未严格控制泵和泵速，两侧混凝土顶面高差大于1m，顶升泵管口处未采取防护措施			
		系杆和吊杆施工情况	D03 第12.4.5条	先拱后梁法施工，系杆不能同步张拉，主墩不能承受拱引起的水平推力时，未采取必要的技术措施；先梁后拱法施工时，拱助加载未与系杆张拉同步进行，拱助施工中未严格控制同步的水平位移符合设计要求；吊杆施工搭设作业平台不稳定安全，未同步、对称张拉，拱助顶面未设置步梯和栏杆，雨雪天气施工无防滑措施；系杆和吊杆施工环节未进行防护，在制造工艺和施工环节未对索的意外损伤进行控制	未在现场采取相应的安全措施，违反强制制性标准	B01 第六十四条	责令限期改正，罚款

续上表

序号	检查环节	检查内容和方法	检查依据	常见问题或情形	定性	处理依据	处理措施
6	钢管(箱)拱桥	1. 扣塔、扣索、锚定组成系统的强度、刚度和稳定性检算资料；2. 操作平台和张拉平台设置情况；3. 扣索、锚索的张拉、放张情况	D03 第12.5.1条	无扣塔、扣索、锚定组成系统的强度、刚度和稳定性检算资料；扣塔架扣索、锚索张拉未按设操作平台及张拉平台；扣塔上未设缆风索，缆风索安全系数小于2.0；扣索、锚索未逐根分级对称张拉、放张，扣索、锚索安全系数小于2.0	—	—	责令改正
7	钢桁架拱桥	大型临时设施和施工辅助结构	D03 第12.6.1条	所有施工辅助结构未按施工况进行设计检算；水中支架未按海事、航道部门的规定设置航标；架梁起重机、支架及墩台顶处未安装防护栏杆、施工爬梯、人行通道等安全设施，夜间作业照明不足；各种大型临时设施在安装完毕后未经检查验收便投入使用	施工现场临时搭建的建筑物不符合安全使用要求；机械设备、施工机具及配件进场前未经查验或查验不合格	B01 第六十四条、第六十五条	责令限期改正，罚款

续上表

序号	检查环节	检查内容和方法	检查依据	常见问题或情形	定性	处理依据	处理措施
7	钢桁架拱桥	支架法架设钢桁架拱桥施工	D03 第12.6.2条	钢桁拱下弦支点位置未根据拱承反力情况增设横隔板和加劲板;钢桁拱斜杆起吊时未设置防滑保险绳,起吊杆件的吊具与杆件棱角接触处未采用软垫保护;起吊杆件时未配备专职信号员和指挥员,吊物下面站人;拆装脚手架,紧固螺栓时未做到上、下交叉进行	—	—	责令改正
		悬臂拼装钢桁架拱桥施工	D03 第12.6.3条	安装开始前架梁使用的材料,机具,防护用具未验收合格,试吊投人员未使用,高处试运转,试吊投人员即使用,高处作业人员未挂好安全带,立体交叉作业时无相应的安全防护措施;上、下弦杆或栏杆与平联未设置防护栏杆或钢梁上平联未在两桁上弦节点处加设临时连接杆件和钢丝绳并拧接安全栓;各墩顶未设置防护栏杆、网栅等防护设施及人行通道,施工爬梯;所有运营线路均无专人养护维修;冬期架设梁作业路均无专人养护维修,防滑等工作,钢梁架设过程中无防雷措施	机械设备、施工机具及配件进场前未经查验或查验不合格;未在现场采取相应的安全措施;违反强制性标准	B01 第六十四条、第六十五条	责令限期改正、罚款

续上表

序号	检查环节	检查内容和方法	检查依据	常见问题或情形	定性	处理依据	处理措施
8	劲性骨架拱桥	1. 拱圈混凝土浇筑情况； 2. 劲性骨架杆件应力和变形监控资料； 3. 施工爬梯、操作平台和安全防护措施	D03 第12.7.3条~ 第12.7.5条	1. 分环分段浇筑劲性骨架拱圈混凝土时，上一环或上一段拱圈混凝土强度未达到设计要求时便进行下一环或下一段施工； 2. 在拱脚、1/4跨度、拱顶及理论分析或模型试验中较易失稳处，未对劲性骨架杆件进行应力和变形监控； 3. 劲性骨架拱圈（拱肋）混凝土浇筑时，未设置专用施工爬梯、操作平台和安全防护措施	—	—	责令改正

斜拉桥监督检查事项

表1-7

序号	检查环节	检查内容和方法	检查依据	常见问题或情形	定性	处理依据	处理措施
1	一般规定	1. 专项施工方案编制审批，重大危险源施工条件验收、监测和控制情况； 2. 主塔横梁支架专项设计及检算资料； 3. 搭拆脚手架安全警戒标志	D03 第13.1.2条~ 第13.1.4条	1. 斜拉桥施工重大危险源未按规定组织施工条件验收，未对施工全过程进行监测和控制； 2. 主塔横梁支架未经专项设计，无强度、刚度和稳定性检算资料；支架使用前未按要求进行预压； 3. 搭拆脚手架时施工区域未设安全警戒标志	—	—	责令改正

续上表

序号	检查环节	检查内容和方法	检查依据	常见问题或情形	定性	处理依据	处理措施
2	主塔施工	主塔施工避雷装置、安全防护措施	D03 第13.2.1条~第13.2.3条、第13.2.6条	1. 主塔施工未设置避雷装置，未定期检测接地电阻； 2. 主塔横梁等高处作业未形成封闭系统，每层施工面安全立网和平网设置不全； 3. 主塔施工未设置警戒区，人行通道未按要求搭设防护棚； 4. 用于塔身混凝土浇筑的泵送管道未可靠附墙，附墙装置未经计算确定，未定期进行检查	—	—	责令改正
		主塔施工消防器材配备、安全通道及作业平台设置情况	D03 第13.2.7条、第13.2.10条、第13.2.12条	1. 主塔施工每层施工平台及塔内未按要求配备消防器材，爬模施工中消防水管未随主塔同步升高； 2. 塔梁同步施工时在梁面上的主塔施工影响区域未布设防护装置和设置安全通道； 3. 爬模施工中，爬梯与施工升降机间未设置安全通道，通道口未设置安全门	未按照有关规定配备消防设施和灭火器；违反强制性标准	B01 第六十二条	责令限期改正，罚款

续上表

序号	检查环节	检查内容和方法	检查依据	常见问题或情形	定性	处理依据	处理措施
2	主塔施工	主塔横梁及塔身合龙段施工安全情况	D03 第13.2.13条	支架系统未进行专项设计；支架焊接、栓接作业未设置牢固的作业平台；支架系统未组织验收并做好记录；横梁钢筋混凝土施工时在支撑模板的分配梁四周未安装安全防护栏和防护栏外侧未满挂安全网；预应力张拉施工操作平台未经专项设计；在横梁、塔身合龙段内部空心段拼装、拆除模板时未采取必要的通风措施	—	—	责令改正
3	主梁施工	主梁施工安全措施	D03 第13.3.2条~第13.3.7条	1. 漂浮或半漂浮体系的斜拉桥主梁施工期间未对塔、梁进行临时固结； 2. 钢箱梁拼装过程中箱梁内通风不畅及未使用安全电压照明，已拼装的桥面钢箱梁临边未设置安全护栏； 3. 梁段安装斜拉索后未采取临时抗风抑振措施； 4. 长大构件吊装过程中未设置防溜绳；	—	—	责令改正

续上表

序号	检查环节	检查内容和方法	检查依据	常见问题或情形	定性	处理依据	处理措施
3	主梁施工	主梁施工安全措施	D03 第13.3.2条~第13.3.7条	5.大跨径斜拉桥在大风或台风季节施工时未验算长悬臂的稳定性，未采取临时抗风加固措施；6.梁段斜拉索未按设计要求完成安装、张拉即进入下一节段主梁施工			
4	斜拉索	1.斜拉索展开情况；2.挂索平台设置、挂索安全检查记录、拉索张拉机具；3.挂索前的安全检查情况；	D03 第13.4.1条~第13.4.6条	1.斜拉索展开时锚头小车未保持平衡，操作人员与索体距离小于1m；2.塔端挂索施工平台搭设不牢固，平台四周及塔顶上下通道未设置防护栏杆或栏杆外侧未满挂安全网，道脚手板未铺满；3.梁端移动挂索平台搭设不牢固，滑车及机动卷扬机与塔顶平台的连接焊缝，索夹具变形，焊缝有裂纹、螺栓有损伤现象；4.挂索前未检查塔顶卷扬机、导向轮、钢丝绳及卷扬机与塔顶平台的连接焊缝，索夹具变形，焊缝有裂纹、螺栓有损伤现象；5.挂索前未检查塔内撑脚千斤顶、手拉葫芦及千斤顶的吊挂情况；	未在现场采取相应对安全施工措施	B01 第六十四条	责令改正

续上表

序号	检查环节	检查内容和方法	检查依据	常见问题或情形	定性	处理依据	处理措施
4	斜拉索	4. 斜拉索挂设、张拉施工以及张拉机具校验情况	第13.4.8条、第13.4.9条	6. 斜拉索塔端锚头挂设时在挂索施工区域未设警戒区； 7. 拉索张拉前未检查张拉机具、连接丝杆与斜拉索不顺直； 8. 千斤顶、油泵、油表等张拉及测力设备未按规定校验，张拉杆安全系数小于2.0，每挂5对索未对张拉杆进行一次探伤检查，已使用的张拉杆有裂纹、疲劳及变形现象	未在现场采取相应对安全施工措施	B01 第六十四条	责令改正
		塔内脚手架搭设、操作平台安全防护、照明、消防器材配备及消防措施	D03 第13.4.10条～第13.4.13条	1. 塔内脚手架搭设不稳固不牢靠，操作平台未封闭，操作平台底部未挂安全网，作业人员向孔外抛掷物品； 2. 塔内未设置安全通道，塔内照明未使用安全电压； 3. 未配备消防器材，塔内存放有易燃易爆物品； 4. 高处气割焊作业时未设置可靠的接渣措施	未按照有关规定配备消防设施和灭火器；违反强制性标准	B01 第六十二条	责令限期改正，罚款

涵洞监督检查事项

表 1-8

序号	检查环节	检查内容和方法	检查依据	常见问题或情形	定性	处理依据	处理措施
1	一般规定	1. 危险源辨识情况; 2. 专项方案和重大危险源的施工条件验收情况; 3. 下穿施工时监测布置和监测数据	D03 第14.1.1条~ 第14.1.3条	1. 主要危险源辨识不全,未制订相应的风险管控措施; 2. 未按规定编制专项施工方案,属于重大危险源的未按规定组织施工条件验收;下穿既有铁路、公路施工时未按规定对邻近建筑物进行变形、位移监测; 3. 涵洞顶部回填时强度未达到设计要求	未编制专项施工方案	B01 第六十五条	责令限期改正,罚款
2	涵洞	1. 现场施工安全情况; 2. 方案设计检算资料	D03 第14.2.2条	起重吊装涵预制件时吊点和支点不符合设计要求;按规定搭设作业平台、爬梯和安全防护栏杆;边墙、顶板的支架和模板,未按最不利荷载设计检算	未按方案施工,未在施工现场的危险部位设置明显的安全警示标志	B01 第六十二条	责令限期改正,罚款
3	渡槽和倒虹吸	现场施工安全情况	D03 第14.3.7条、 第14.4.3条	1. 立体交叉作业或跨越既有道路时,未设置警戒区域、警示标志和安全防护设施; 2. 倒虹吸管进出口竖井完工后,未及时施做井口盖板和下口栅栏	未在施工现场的危险部位设置明显的安全警示标志	B01 第六十二条	责令限期改正,罚款

桥面系及附属工程监督检查事项

表1-9

序号	检查环节	检查内容和方法	检查依据	常见问题或情形	定性	处理依据	处理措施
1	一般规定	1. 危险源辨识情况； 2. 专项方案和重大危险源的施工条件验收情况	D03 第15.1.1条、 第15.1.2条	1. 主要危险源辨识不全，未制订相应的风险管控措施； 2. 未按规定编制专项施工方案，属于重大危险源的未按规定组织施工条件验收	未编制专项施工方案	B01 第六十五条	责令限期改正，罚款
2	桥面系及附属工程	1. 施工现场临边防护； 2. 明桥面施工时桥下通行的安全措施； 3. 自制吊装机具的设计、验收情况； 4. 现场遮板施工吊装安全情况； 5. 施工时现场防火消防情况	D03 第15.2.1条、 第15.2.2条、 第15.2.4条、 第15.2.6条、 第15.2.7条	1. 桥面系施工时，两侧未设置防护栏杆； 2. 明桥面施工期间，车辆或机械设备的桥下人员、车辆驻留，通行和必要时未搭设防护棚等安全措施； 3. 自制吊装机具未进行专门设计，未制订安全操作规程，未经验收合格就开始使用； 4. 遮板吊装就位未与预埋钢筋焊接稳固就解除提吊状态； 5. 防水施工时严禁烟火，未配备必要的消防器材	未按照有关规定配备消防设施和灭火器；机械设备、施工机具及配件进场前未经查验或查验不合格	B01 第六十二条、 第六十五条	责令限期改正，罚款

水上及跨越道路施工监督检查事项

表 1-10

序号	检查环节	检查内容和方法	检查依据	常见问题或情形	定性	处理依据	处理措施
1	一般规定	1. 危险源辨识情况； 2. 专项方案审批及重大危险源的施工条件验收情况	D03 第16.1.1条、第16.1.2条	1. 主要危险源辨识不全，未制订相应的风险管控措施； 2. 水上及跨越道路施工按规定编制专项施工方案，属于重大危险源的未按规定组织施工条件验收	未编制专项施工方案	B01 第六十五条	责令限期改正，罚款
2	水上施工	1. 通航河道施工的危险源辨识、方案审批办理情况； 2.《水上水下施工作业许可证》及相关手续资料； 3. 水上施工的船舶和船员的证件； 4. 水上施工安全作业区或警戒区安全设置和航道信号标志情况； 5. 施工船只消防设施和航运标志	D03 第16.2.2条～第16.2.9条	1. 未按规定办理河道、航道内施工的许可和相关手续； 2. 未取得《水上水下施工作业许可证》，未办理准予发布航行警告、航行通告的相关手续； 3. 水上施工用船舶，未经检验并取得船舶检验证书，经海事管理机构依法登记并持有证书； 4. 施工用船舶的船员，未取得海事管理机构颁发的适任证书或者其他适任证件； 5. 水上施工未设置必要的安全作业区，未设置警戒区，未配备警戒船、关标志或者消备警戒船	未在施工现场明显的危险部位设置明显的安全警示标志；未编制专项施工方案	B01 第六十二条、第六十五条	责令限期改正，罚款

续上表

序号	检查环节	检查内容和方法	检查依据	常见问题或情形	定性	处理依据	处理措施
2	水上施工	1. 通航河道施工的危险源辨识,方案审批办理;2.《水上水下施工作业许可证》及相关手续资料;3. 水上施工用的船舶和船员的证件;4. 水上施工安全作业区或警戒区安全设置和航道信号标志情况;5. 施工船只消防设施和防运标志	D03 第16.2.2条~第16.2.9条	6.受汛期影响的,未制定防汛安全专项预案并演练,未指定专人不同断值班;7.栈桥、施工平台等施工区域未布置禁航信号标志,未设置临时助航助标志;8.施工船舶未按规定设置航运标志,未配备救生、消防等应急装备	未在施工现场的危险部位设置明显的安全警示标志;未编制专项施工方案	B01 第六十二条、第六十五条	责令限期改正,罚款
3	跨越道路施工	1.跨越道路相关方案编制及办理批复相关手续情况;2.施工现场安全设施和防护情况	D03 第16.4.1条、第16.4.2条	1.未联系道路主管部门和公安机关交通管理部门办理施工或封锁道路的许可手续;2.未设置施工标志、路栏、锥形交通路标等安全设施,夜间无反光或施工警告灯信号,行车道前方未设置限位门架,支架支墩未设置防撞墩加以保护;跨越公路架梁过孔和落梁前,没有进行交通管制,未采取防护棚等防止坠落设施以防止落物伤及行人和车辆	未在施工现场的危险部位设置明显的安全警示标志	B01 第六十二条	责令限期改正,罚款

营业线桥涵施工监督检查事项

表 1-11

序号	检查环节	检查内容和方法	检查依据	常见问题或情形	定性	处理依据	处理措施
1	营业线桥涵施工	1. 营业线桥涵施工风险源辨识情况； 2. 营业线施工方案编制、报批情况； 3. 安全协议和配合协议签订情况，检查是否按月度批准计划施工； 4. 相关人员培训取证情况； 5. 施工现场对地下管线的保护情况； 6. 营业线施工时现场防护记录和人员着装； 7. 对既有线的监测设置和资料； 8. 设备是否实施"一机一人"防护	D03 第17.1.1条、 第17.1.3条、 第17.1.4条、 第17.1.6条～ 第17.1.12条	1. 主要危险源辨识不全，未制订相应的风险管控措施； 2. 未按规定编制专项施工方案，属于重大危险源的未按规定组织施工作业； 3. 营业线施工方案未报相关部门审批，未签订施工安全协议和配合协议，未报月度施工计划； 4. 建设各方营业线施工现场主要管理人员、带班人员、现场防护员、驻站联络员等，未按规定培训并取证上岗； 5. 使用机械开挖路基时，对已经暴露地下管线未采取保护措施； 6. 施工前未核对桥位处铁路两侧地质勘测资料； 7. 涉及营业线施工的未按规定设置防护、驻站联络员和工地防护员未按制度联系；	未编制专项施工方案；作业人员未经考核不合格即从事相关工作；未对因建设工程施工可能造成损害的地下管线采取防护措施	B01 第六十二条、 第六十四条、 第六十五条	责令限期改正，罚款

续上表

序号	检查环节	检查内容和方法	检查依据	常见问题或情形	定性	处理依据	处理措施
1	营业线桥涵施工	1. 营业线桥涵施工风险源辨识情况； 2. 营业线施工方案编制、报批情况； 3. 安全协议和配合协议签订情况，检查是否按月度批准计划施工； 4. 相关人员培训取证情况； 5. 施工现场对地下管线的保护情况； 6. 营业线施工时现场防护记录和人员着装； 7. 对既有线的监测设置和资料； 8. 设备是否实施"一机一人"防护	D03 第17.1.1条、 第17.1.3条、 第17.1.4条、 第17.1.6条~ 第17.1.12条	8. 未对既有线路路基、轨道、桥涵等构筑物监测，发现异常未及时处理； 9. 施工人员上道作业未按规定着装； 10. 铁路安保设备未实行"一机一人"防护；高大机械未采取防倾覆措施	未编制专项施工方案；作业人员未经安全教育培训或者经考核不合格即从事相关工作；未对因建设工程施工可能造成损害的地下管线采取防护措施	B01 第六十二条、 第六十四条、 第六十五条	责令限期改正，罚款

第二章
铁路桥涵工程质量监督检查

本章介绍铁路桥涵工程质量监督检查的主要内容。铁路桥涵工程质量监督检查主要包括基本规定,明挖基础,桩基础,沉井基础,墩台,预应力混凝土简支箱梁,预应力混凝土简支T梁,预应力混凝土连续梁、连续刚构,钢桁梁,拱桥,斜拉桥,支座,桥梁附属设施,涵洞,沉降变形观测。

一、主要检查内容

铁路桥梁工程质量监督检查包含以下内容:

基本规定包含质量控制基本要求、隐蔽工程、钢筋分项、混凝土分项、预应力分项等检查事项。

明挖基础包含一般规定、基坑开挖、基坑回填等检查事项。

桩基础包含一般规定、沉入桩、钻(挖)孔桩、钢筋笼、桩身混凝土、承台等检查事项。

沉井基础包含一般规定、沉井制作、浮运、下沉、沉井清基、封底、填充等检查事项。

墩台包含一般规定、墩台混凝土、模板、锥体及排水设施等检查事项。

预应力混凝土简支箱梁包含一般规定、混凝土工程、梁厂预制箱梁、箱梁架设、支架现浇、移动模架现浇、移动支架拼装等检查事项。

预应力混凝土简支T梁包含一般规定T梁预制、T梁架设等检查事项。

预应力混凝土连续梁、连续刚构包含悬臂浇筑预应力混凝土连续梁、连续刚构,支架法现浇预应力混凝土连续梁、连续刚构,转体法施工预应力混凝土连续梁、连续刚构,顶推法施工预应力混凝土连续梁等检查事项。

钢桁梁包含一般规定、杆件预拼、拼装架设、涂装等检查事项。

拱桥包含一般规定、钢管混凝土拱、劲性骨架拱、钢筋混凝土拱等检查事项。

斜拉桥包含一般规定、索塔、主梁和斜拉索等检查事项。

支座包含一般规定、支座砂浆、支座安装等检查事项。

桥梁附属设施包含一般规定,防护墙、遮板、电缆槽竖墙、接触网支柱基础,声(风)屏障基础、栏杆（挡板）、电缆槽盖板、人行步板，声（风）屏障基础、栏杆（挡板）、电缆槽盖板、人行步板，桥梁梁端防水装置、防落梁挡块，防水层和保护层，桥梁排水设施，墩台围栏、吊篮，桥上救援疏散设施，综合接地等检查事项。

涵洞包含一般规定、涵身及端翼墙等检查事项。

沉降变形观测包含一般规定、沉降变形观测等检查事项。

二、质量控制措施

1. 基本规定

1) 质量控制基本要求

施工单位和监理单位应按照标准和设计文件对工程采用的原材料、构配件、半成品和设备进行检验并形成记录，不合格的不得应用于工程施工。

2) 隐蔽工程

隐蔽工程覆盖前应按国家法律法规和现行标准要求全数检查并形成记录，验收检查应按标准要求留存影像资料。

3) 钢筋分项

（1）钢筋机械连接用套筒及锁母的材料、品种、规格应符合设计要求，设计无要求时应符合型式检验确定采用的套筒技术要求。

（2）钢筋保护层垫块材质应符合设计要求。当设计无要求时，混凝土垫块的抗压强度和耐久性应不低于结构本体混凝土的要求。

4) 混凝土分项

（1）混凝土应根据设计使用年限、环境条件和施工工艺等进行配合比设计。

（2）混凝土凿毛露出新鲜混凝土面积应不低于总面积的75%。

5) 预应力分项

（1）预应力筋的预应力、张拉或放张顺序和张拉工艺，应符合设计和施工技术方案要求。

（2）预应力筋的实际伸长值和计算伸长值的差值不应大于±6%。

2. 明挖基础

1) 一般规定

（1）当基础底面处于软硬不均地层时，应由设计单位提出处理方案。

（2）基底处理应满足要求，倾斜岩面应凿平或凿成台阶。

（3）基础混凝土应在无水条件下浇筑，混凝土终凝前不应浸水。

2) 基坑开挖

（1）基坑平面位置、坑底尺寸应满足设计要求。

(2)基底地质条件及承载力必须符合设计要求。

3)基坑回填

基坑回填填料类别和填筑质量应符合设计要求。

3. 桩基础

1)一般规定

(1)当设计要求进行桩基承载力试验时,应按设计要求和有关规定进行试桩;并应有完整的试桩材料。

(2)桩头凿完后主筋伸入承台的长度,承台混凝土浇筑前的钢筋等的验收应留存影像资料。

2)沉入桩

(1)沉入桩的下沉、桩尖高程和最终贯入度应符合设计和施工工艺要求。

(2)沉入桩的承载力试验应符合设计要求。

(3)桩顶高程和桩头处理应符合设计要求。

(4)接桩应符合设计要求且连接牢固。

3)钻(挖)孔桩

(1)钻(挖)孔达到设计深度后,桩底地质情况应符合设计要求。

(2)孔径、孔深不应小于设计值,孔型应符合设计要求。

(3)钻(挖)孔桩的开挖顺序和防护措施应符合设计要求。

4)钢筋笼

(1)钢筋的弯制和末端的弯钩应符合设计要求。

(2)钢筋接头的技术要求和外观质量应符合现行标准的规定。

5)桩身混凝土

水下混凝土标准养护试件强度应达到设计强度等级的1.15倍;桩头破除时不应损坏钢筋和桩顶混凝土。

6)承台

(1)预埋墩身钢筋伸入承台中的长度应符合设计要求。

(2)桩头与承台连接应符合设计要求。

(3)混凝土浇筑完毕后,应按有关专业标准的规定和施工技术方案的要求及时采取有效的养护措施。

4. 沉井基础

1)一般规定

沉井下沉前应对周边影响范围内的建筑物制订防护和安保措施监测,下沉过程中应进行监测。

2）沉井制作、浮运、下沉

（1）沉井气筒应按压力容器的有关规定制造，并不低于1.5倍工作压力试验合格后方可使用。

（2）沉井浮运应符合施工工艺要求，并检算其稳定性。

3）沉井清基、封底、填充

（1）沉井下沉至设计高程后，基底地质条件应满足设计要求。

（2）清理后的基底距隔墙底的高度、刃脚埋深等应符合设计要求。

（3）在软土中沉井沉至设计高程并清基后，应进行沉降观测，沉降满足设计要求时方可封底。

5．墩台

1）一般规定

墩台身混凝土浇筑前应对中线、高程进行检查；墩台混凝土浇筑前的钢筋检查验收应留存影像资料。

2）墩台混凝土

墩台顶面排水坡应符合设计要求。

3）锥体及排水设施

（1）砌体结构形式、位置、基底高程及基础埋深应符合设计要求。

（2）护坡与边坡密贴、无空洞。

（3）桥台锥体护坡及边坡防护应完整并符合设计要求。

（4）砌体反滤层所用材料质量和规格应符合设计要求。

6．预应力混凝土简支箱梁

1）一般规定

（1）预应力混凝土简支箱梁梁体混凝土应连续浇筑，一次成型。

（2）张拉设备和仪表应配套标定、配套使用并按规定校验。

（3）后张法张拉前，应对管道摩阻损失和锚口摩阻损失进行实际测定；设计单位应根据施工单位提供的实际测定结果对张拉控制力进行确认或调整。

2）混凝土工程

（1）梁体混凝土应按要求养护测温。

（2）拆模时的梁体混凝土强度应符合设计要求。

（3）梁体及锚（端）混凝土外观质量应平整密实，对空洞、蜂窝、漏浆、掉角等缺陷应修整并养护到规定强度。

3)梁厂预制箱梁

(1)预应力混凝土简支箱梁(厂制)制造单位应取得规定的制梁生产资质。

(2)先张法制梁台座的传力柱及横梁应具有足够的强度、刚度、和稳定性。

(3)提梁、架梁设备和吊(顶)具有足够的强度、刚度和稳定性,满足架(移)梁荷载要求。

4)箱梁架设

(1)梁存放和运输支点位置应符合设计要求,箱梁同一端支点相对高差不应大于2mm。

(2)墩台里程、支座中心线、支承垫石高程应符合设计要求和有关标准的规定。

(3)架设落梁时每个支点反力与4个支点反力的平均值之差不应超过±5%;支座砂浆强度到达20MPa、千斤顶撤出后方可通过运架设备。

5)支架现浇

制梁支架应进行专项施工设计,其强度、刚度及整体稳定性应满足各阶段施工荷载和施工工艺要求,并应进行预压。支架的基础应坚实稳固。

6)移动模架现浇

(1)移动模架的墩旁托架及落地支架,应具有足够的强度、刚度和稳定性,基础应坚实稳固。

(2)移动模架在每次拼装前,应进行全面检查和试验,移动模架纵向前移的抗倾覆稳定系数不应小于1.5。

7)移动支架拼装

(1)梁段组拼接缝所用材料的品种、质量、性能应符合设计要求。

(2)梁段组拼施工时,接缝面处理、宽度、方式应符合设计文件和施工工艺设计要求。

7. 预应力混凝土简支T梁

1)一般规定

(1)预应力混凝土简支T梁梁体混凝土应连续浇筑,一次成型。

(2)后张法首孔梁预应力筋张拉前,应对管道摩阻损失和锚口摩阻损失进行实际测定;设计单位应根据施工单位提供的实际测定结果对张拉控制力进行确认或调整。

2)T梁预制

梁体混凝土的养护、拆模时的梁体混凝土强度的检验和T梁静载试验应符合现行标准的规定。

3)T梁架设

(1)墩台里程、支座中心线、支承垫石高程应符合设计要求和有关标准的规定。

(2)当采用一台起重机吊梁时,应使用起吊扁担。两台起重机吊梁时,两端应同步起落。

(3) 架设后的相邻梁跨梁端桥面之间、梁端桥面与相邻桥台胸墙顶面之间的相对高差不应大于10mm;桥面高程不应高于设计高程。

8. 预应力混凝土连续梁、连续刚构

1) 悬臂浇筑预应力混凝土连续梁、连续刚构

(1) 悬臂浇筑梁段施工过程中,应进行线形监测,超过允许偏差应及时调整纠正。

(2) 预应力筋张拉时梁体混凝土强度、弹性模量及龄期应符合设计要求。

(3) 合龙段施工及体系转换应符合设计和施工工艺要求。

2) 支架法现浇预应力混凝土连续梁、连续刚构

(1) 现浇支架应进行施工设计,其强度、刚度及稳定性应满足施工各阶段施工荷载和施工工艺要求,并应进行预压。

(2) 支架安装和拆除的检验应符合标准的规定。

(3) 支架的地基和基础承载力应符合施工工艺的要求。

3) 转体法施工预应力混凝土连续梁、连续刚构

(1) 球铰或支座品种、规格、性能、结构及涂装质量应符合设计要求和相关标准的规定。

(2) 转体系统承载力、上下转盘及滑道摩擦系数、动力设施和锚固体系应符合施工工艺要求。

(3) 球铰或支座上下座板应水平安装。

(4) 球铰或支座与梁底及垫石之间不密贴,垫层材料质量及强度应符合设计要求。

(5) 球铰或支座锚栓质量及埋置深度和螺栓外露长度应符合设计要求。

4) 顶推法施工预应力混凝土连续梁

(1) 制梁台座应坚固、稳定,沉降满足施工工艺要求,位于顶推线路上的制梁台座,中线及纵坡应与桥梁设计中线及纵坡一致。

(2) 临时墩及导梁应具有足够的强度、刚度和稳定性。临时墩间及临时墩与桥墩间宜采用刚性杆件连成一体。

(3) 顶推设备、滑道、导向及纠偏装置应符合顶推工艺设计的要求。

(4) 顶推施工前应进行试顶,检验设备性能,验证设计摩擦系数。

9. 钢桁梁

1) 一般规定

(1) 钢桁梁构件出厂时应提供产品合格证书(含质量检验报告),钢材、焊材和高强度螺栓及涂装材料出厂质量证明书及检验报告,工厂高强度螺栓摩擦面抗滑移系数试验报告,焊接工艺评定试验报告,焊缝检验报告,工厂试拼装记录等文件。

(2)钢梁工地焊接拼装前应进行焊接工艺试验,合格后方可正式焊接。

(3)钢梁杆件结合点可能积水的缝隙封填等验收应留存影像资料。

2)杆件预拼

(1)钢桁梁构件拼装前应进行板面抗滑移系数试验,每批试件的抗滑移系数最小值应符合设计要求。

(2)节点板、拼接板与杆件预拼时,穿入的临时螺栓和冲钉数量不应少于安装总数的1/3,冲钉穿入数量不宜多于临时螺栓的30%;螺栓孔较少的栓群,临时螺栓数量不应少于2个。

3)拼装架设

(1)钢桁梁拼装架设顺序应符合设计要求,设计无要求时应按钢桁梁节间依次进行。

(2)在支架上拼装钢桁梁时,冲钉和高强度螺栓总数量不应少于孔眼总数的1/3,孔眼较少部位冲钉和高强度螺栓数量不应少于6个。

(3)每个节间安装完,测量一次钢桁梁中线及各节点挠度,并及时与线形、应力等监控数据相对比。

4)涂装

涂装使用的各种涂料品种、质量,应符合设计要求和相关标准的规定;涂装体系干膜最小总厚度和每一涂层干膜平均厚度不应小于设计要求厚度,且每一涂层的最小厚度不应小于设计要求厚度的90%。

10.拱桥

1)一般规定

(1)钢拱肋应选择有相应资质、能力的工厂制造,监理单位应派员驻场监造。

(2)钢拱肋拼装架设前应按设计文件和施工方案要求进行预拼装。

(3)拱肋的预拱度应按设计要求和施工工艺确定。

(4)拱桥施工过程中应按设计文件和施工方案要求进行线形监控。

(5)钢拱肋节段制作、拼装架设前应进行焊接工艺试验,评定合格后方可正式焊接。

2)钢管混凝土拱

(1)钢管拱肋拼装架设前应对节段的质量进行全面检查和验收。

(2)拱脚预埋应按设计和施工方案要求采取可靠的定位、固定防偏移措施。

(3)拱肋拼装的方法、顺序应符合设计要求和施工方案的规定。

3)劲性骨架拱

(1)焊缝质量应符合设计文件和焊接工艺要求。

(2)劲性骨架杆件预拼前应进行板面抗滑移系数试验。

(3)节点板、拼接板与杆件预拼时,穿入的临时螺栓和冲钉数量不应少于安装总数的1/3,冲钉穿入数量不宜多于临时螺栓的30%;对于螺栓孔较少的栓群,临时螺栓数量不应少于2个。

(4)磨光顶紧节点预拼应按照工厂编号对号拼装,不应调换、调边或翻面拼装,磨光顶紧处缝隙不大于0.2mm的密贴面积不应小于75%。

11.斜拉桥

1)一般规定

(1)悬臂浇筑梁段混凝土所用挂篮应有不同施工阶段结构计算资料;走行和浇筑混凝土时,倾覆稳定系数不应小于2;挂篮正式施工前,应进行试拼和载荷试验。

(2)梁体每一施工阶段进行全程监控测试和验算,以确定下一施工阶段施工控制参数。

(3)混凝土浇筑前的钢筋检查、斜拉索锚具安装、锚头防腐的验收应留有影像资料。

2)索塔

(1)钢锚箱、钢锚梁、钢牛腿和索鞍的加工制作和安装应符合设计要求。

(2)索导管及锚杯的安装位置、斜度和安装质量应符合设计要求。

(3)模板上预埋件和预留孔洞允许偏差、拆除时混凝土保护的检验应符合标准的规定。

3)主梁和斜拉索

(1)主梁不应有波状起伏、桥面开裂的现象,合龙段下凹应平顺。

(2)钢主梁合龙施工应与设计和施工方案相符。

(3)施工过程中斜拉索的调整应以主梁线形控制为主,索力控制为辅。桥梁合龙后索力调整应符合设计要求。

(4)制振阻尼装置品种、规格、质量应符合设计要求;阻尼圈不应松动或脱落。

12.支座

1)一般规定

(1)支座安装前桥梁跨距、支座位置及预留锚栓孔位置、尺寸和支座垫石顶面高程、平整度,应在允许误差范围内。

(2)支座砂浆应根据强度等级、耐久性要求、环境条件等设计要求和施工工艺进行配合比设计。

(3)对于自流平和干硬性两类不同种类支座砂浆,应采用相应的工艺和质量控制措施。

(4)支座砂浆冬期施工应进行专门的工艺试验。

(5)支座锚栓的埋置深度应留存影像资料。

2)支座砂浆

(1)自流平砂浆材料的物理性能应按要求进行检测,监理单位进行平检;干硬性砂浆配制的原材料应按要求进行检测。

(2)干硬性砂浆配合比应根据设计要求,通过做试配试验来确定。

(3)支座砂浆入模温度应控制在5~30℃之间。

(4)支座砂浆施工完成后应采取有效的养护措施,养护时间不应低于3d。

(5)支座砂浆应根据工程需要留置标准条件养护试件。

3)支座安装

(1)支座品种、规格、质量、调高量应与设计相符;支座安装位置和方向应与设计一致。

(2)安装过程中精度和预偏量应符合设计要求。

(3)支座锚栓应拧紧,埋置深度和外露长度应符合设计要求。

(4)支座与梁底及垫石之间应密贴,没有空隙。

13.桥梁附属设施

1)一般规定

(1)防水层施工环境不应在雨雪和大风天气下施工,其施工材料和施工环境应符合设计要求。

(2)防水层铺设前应清理干净基层面。

(3)混凝土保护层施工时,对已铺设好的防水层进行有效的防护。

(4)混凝土保护层施工完成后应保湿、保温养护。

2)防护墙、遮板、电缆槽竖墙、接触网支柱基础

(1)接地系统焊接长度、焊缝厚度、质量、位置应符合设计要求。

(2)接触网支柱基础预埋螺栓和钢板的品种、规格、质量、防腐处理和预埋位置应符合设计要求。

(3)预埋和连接钢筋应符合设计要求。

3)声(风)屏障基础、栏杆(挡板)、电缆槽盖板、人行步板

(1)声(风)屏障、栏杆(挡板)基础预埋螺栓、钢板和钢构件的品种、规格、质量、防腐处理和预埋位置应符合设计要求。

(2)栏杆(挡板)连接、安装应顺直、牢固、高度一致,间距应符合设计要求;防抛网、防异物侵限设施安装应符合设计要求。

(3)盖板、人行步板安装应符合设计要求,板间空隙应均匀一致。

(4)声(风)屏障、栏杆(挡板)基础预埋螺栓应保护好,不得污染损坏。

(5)盖板、人行步板应按批次检验抗裂性和承载力。

4)桥梁梁端防水装置、防落梁挡块

(1)桥梁梁端防水装置、防落梁挡块所用原材料和部件的品种、规格、质量、性能等应符合设计要求和相关标准。

(2)桥梁梁端防水装置、防落梁挡块安装位置和范围应符合设计要求。

(3)桥梁梁端防水装置安装后应能满足梁体位移和转动需要,且不影响防水效果。

5)防水层和保护层

(1)防水层所用原材料品种、规格、质量、性能等应符合设计要求和相关标准。

(2)防水层铺设范围、厚度、构造形式应符合设计要求;防水层的基面应处理干净。

(3)防水层的搭接宽度、铺设工艺和细部做法应符合设计要求和相关标准的规定。

(4)防水层铺设质量应符合设计要求,检测应合格。

(5)保护层施工部位、厚度、坡度和断缝处理应符合设计要求,其表面不能出现大于0.2mm的裂缝。

(6)保护层与防水层黏结应牢固,且与周边混凝土密贴。

6)桥梁排水设施

(1)桥梁排水设施所用材料的品种、规格、质量应符合设计要求。

(2)泄水孔的细部处理、泄水管接头的连接方式、泄水管的排水坡度、泄水管的设置范围和位置应符合设计要求。

(3)桥梁排水设施部件应齐全、牢固,无破损、漏水现象发生。

7)墩台围栏、吊篮

(1)围栏、吊篮所用原材料的品种、规格、质量应符合设计要求。

(2)围栏、吊篮的结构尺寸和安装位置应符合设计要求。

(3)围栏、吊篮连接应牢固,吊篮步板安装应齐全、稳固可靠。

(4)围栏、吊篮涂装质量应符合设计要求。

8)桥上救援疏散设施

(1)桥上救援疏散设施所用原材料的品种、规格、质量应符合设计要求。

(2)基础和立柱的结构形式、位置、质量应符合设计要求。

(3)疏散通道的板、踏步和栏杆的结构形式、位置、质量应符合设计要求。

(4)防护罩的结构形式、设置范围、安装质量应符合设计要求。

(5)安全门的结构形式、安装位置、开启方向及安装质量应符合设计要求。

(6)钢部件的涂装质量应符合设计要求。

(7)指示标志的设置位置、规格、数量应符合设计要求。

(8)桥上救援疏散设施的部件应齐全、完整、有效。

9)综合接地

(1)接地体的位置、埋设深度、外露长度应符合设计要求。

(2)贯通地线的敷设位置、接续盒防护方式应符合设计要求。

(3)各部引接端子之间、各部引接端子与贯通地线之间的连接和接地电阻应符合设计要求。

(4)各引接端子的预留连接孔应采取保护措施,避免影响连接。

14．涵洞

1)一般规定

(1)涵洞进出口与既有沟床和道路连接应顺畅,排水系统应完善通畅。

(2)涵洞处路堤缺口填筑应在涵身结构达到设计强度后进行,涵身两侧1m范围内不应采用大型机械施工。

(3)渡槽连接处应密封不漏水。涵洞、渡槽内不应遗留建筑垃圾和杂物。

2)涵身及端翼墙

(1)分次浇筑时,边墙的施工缝不应设在同一水平面上。

(2)成品涵节的质量、规格应符合设计要求。

(3)预制涵节的混凝土达到设计强度后方可吊装。涵节接缝应顺流水坡度安装平顺。

(4)沉降缝所用原材料的品种、规格、质量应符合设计要求。沉降缝位置、尺寸、构造形式和止水带的安装等应符合设计要求。

(5)沉降缝不应渗水,填缝密实平整无空鼓。

(6)沉降缝应竖直、宽度均匀、环向贯通。

15．沉降变形观测

1)一般规定

(1)变形观测点和工作基点应选设在变形影响范围以外,观测期内变形监测网设施和观测装置必须采取保护措施,不受扰动和破坏。

(2)变形观测的原始记录必须真实可靠,具有可追溯性,严格执行责任人签字制度,变形观测成果应符合竣工文件的编制和移交的相关规定。

(3)墩台基础沉降实测值超过设计值20%及以上,应会同建设单位、勘察设计单位查找原因,采取沉降控制相关措施。

2)沉降变形观测

(1)沉降变形观测装置的规格、材料及埋设深度应符合设计要求和相关规定。

(2)沉降变形观测的仪器、观测方法、观测精度及观测阶段和频次,应符合有关规定。

(3)沉降变形观测资料应系统、完整、真实、可靠,满足沉降变形分析评估的需要。

三、监督检查事项

铁路桥涵工程质量监督检查项点主要有检查环节、检查内容和方法、检查依据、常见问题或情形、定性、处理依据和处理措施,具体内容详见表2-1～表2-15。

基本规定

表 2-1

序号	检查环节	检查内容和方法	检查依据	常见问题或情形	定性	处理依据	处理措施
1	质量控制基本要求	材料、构配件和设备进场验收记录，工序间交接记录或检验批	D18 第3.1.3条	施工单位未对主要材料、构配件和设备其外观、规格、型号和质量证明文件等进行验收，无进场验收记录，无抽样试验记录，储存条件不符合要求，并未经监理工程师检查认可	未对主要材料、构配件和设备进行检验	B02 第六十五条	责令改正，罚款
				涉及结构安全和使用功能的原材料、构配件，未进行检验			
2	隐蔽工程	隐蔽工程验收记录、影像资料	D18 第3.1.3条、第3.1.4条	每道工序完成后，施工单位未进行自检并形成记录，相关专业监理工程师之间的交接检验未经监理工程师检查认可，即进行下道工序施工	未按设计或技术标准施工	B02 第六十四条	责令改正，罚款等
				隐蔽工程未全数检查，未留存影像资料	未按工程设计图纸或施工技术标准施工	B02 第六十四条、第六十七条	责令改正，罚款等

续上表

序号	检查环节	检查内容和方法	检查依据	常见问题或情形	定性	处理依据	处理措施
3	钢筋分项	材料、构配件和设备进场验收记录，抽样检测报告，监理单位平行检测记录	D16 第5.2.1条～ 第5.2.5条	1. 多个批次钢筋组成一个检验批进行检验； 2. 购买的钢筋半成品没有进行检验； 3. 环氧涂层钢筋的涂层相关参数未检测； 4. 套筒和锁母未按批次进行检验； 5. 保护层垫块的强度和耐久性低于结构本体混凝土的要求	未对建筑材料、构配件、设备进行检验	B02 第六十五条 第六十七条	责令改正，罚款，返工，修理并赔偿损失等
			D16 第5.3.1条、 第5.3.2条	1. 未对钢筋弯制和末端的弯钩按10%进行抽检，监理平行检验； 2. 未对钢筋镦粗和滚轧直螺纹接头外观质量和尺寸进行抽检，监理未见证检验			
			D16 第5.4.1条～ 第5.4.3条	1. 钢筋接头质量未按批次进行检验； 2. 未对钢筋镦粗和滚轧直螺纹接头的拧紧力矩按10%进行抽检，监理未见证检验； 3. 同一连接区段，钢筋接头百分率不符合设计要求；			

续上表

序号	检查环节	检查内容和方法	检查依据	常见问题或情形	定性	处理依据	处理措施
3	钢筋分项	材料、构配件和设备进场验收记录,抽样检测报告,监理单位平行检测记录	第5.5.2条~第5.5.3条	4. 垫块数量不满足要求,导致钢筋变形后保护层不足；5. 环氧涂层钢筋在安装中损伤未按要求修复	未对建筑材料、构配件、设备进行检验	B02 第六十五条 第六十七条	责令改正,罚款;返工,修理并赔偿损失等
4	混凝土分项	材料进场验收记录,配合比设计	D16 第6.2节、第6.3节	1. 混凝土原材料未按规定进行检验,检测参数不全。监理未做平行检验；2. 混凝土配合比中水胶比和胶凝材料用量不满足要求			
			D16 第6.4.1条~第6.4.5条	1. 混凝土出场未做温度和含气量参数检测；2. 混凝土入模坍落度不满足配比设计要求；3. 混凝土入模含气量不满足相关规定；4. 混凝土入模温度不满足5~30℃；5. 混凝土入模温度与环境、相邻介质温差不满足要求;	未对建筑材料进行检验,未按设计或技术标准施工	B02 第六十四条 第六十五条 第六十七条	责令改正,罚款等

续上表

序号	检查环节	检查内容和方法	检查依据	常见问题或情形	定性	处理依据	处理措施
4	混凝土分项	材料进场验收记录、配合比设计	D16 第6.4.7条、第6.4.9条～第6.4.11条、第6.4.14条～第7.4.3条~第7.4.5条	6.混凝土凿毛露出新鲜混凝土面积达不到75%,凿毛时强度达不到规定要求; 7.拆模时混凝土芯部、表面、环境温差不符合要求; 8.监理未按要求对混凝土强度进行10%的平行检验; 9.未按实际需要留置同条件养护试件; 10.混凝土表面裂缝宽度大于0.2mm,预应力区域出现混凝土裂缝	未对建筑材料进行检验,未按设计或技术标准施工	B02 第六十四条、第六十五条、第六十七条	责令改正,罚款等
5	预应力分项	1.预应力相关材料资料; 2.张拉顺序和工艺		1.预应力相关材料未按要求进行检验; 2.张拉顺序和工艺不符合设计和方案要求; 3.预应力筋实际伸长值的差值超过±6%; 4.预应力筋断丝和滑脱数量超过规范要求	未对建筑材料进行检验,未按设计或技术标准施工	B02 第六十四条、第六十五条、第六十七条	责令改正,罚款等

注:各责任单位未按照法律、法规和工程建设强制性标准履行建设、勘察、设计、施工和监理等质量职责或由此导致建设工程存在实体质量问题的,责令限期改正,处以罚款;情节严重或造成工程质量事故的,责令停业整顿,降低资质资格等级或吊销资质证书;造成损失的,依法承担赔偿责任。

明挖基础监督检查事项

表 2-2

序号	检查环节	检查内容和方法	检查依据	常见问题或情形	定性	处理依据	处理措施
1	一般规定	1. 施工图纸、施工日志、地基承载力抽样检测试验报告; 2. 基坑方案及审批情况; 3. 原材料检验资料; 4. 监理日记、日志和旁站记录; 5. 基础基底持力层的岩土性质,基坑地基验槽	D18 第4.1.3条~ 第4.1.6条	1. 基础底面处于软硬不均地层,设计未提出处理方案; 2. 基底处理岩面不满足要求,如倾斜岩面未凿平或凿成合阶; 3. 基础混凝土浇筑时浸水; 4. 基底地质条件验收未留存影像资料	未按工程设计图纸或施工技术标准施工	C01 第六十五条、 第六十七条	责令改正,罚款
2	基坑开挖		D18 第4.2.1条、 第4.2.2条	1. 基坑平面位置、尺寸不满足设计要求; 2. 基底地质条件及承载力与设计要求不符	未按工程设计图纸或施工技术标准施工		
3	基坑回填		D18 第4.4.2条	基坑回填填料和填筑质量不满足设计要求	使用不合格的建筑材料	C01 第六十五条、 第六十七条	责令改正,罚款

桩基础监督检查事项

表 2-3

序号	检查环节	检查内容和方法	检查依据	常见问题或情形	定性	处理依据	处理措施
1	一般规定	1. 施工图纸、施工日志、隐蔽工程验收； 2. 桩基方案及审批情况； 3. 原材料检验报告、监理平行检验资料； 4. 监理日记、日志和旁站资料； 5. 孔径、孔深和孔型检查	D18 第5.1.3条、第5.1.5条～第5.1.7条	1. 未按设计要求和有关规定进行试桩；无完整试桩材料； 2. 沉入桩停锤不符合相关规定； 3. 桩基各道隐蔽工序验收未留存影像资料； 4. 监理单位未按要求对沉入桩的灌注桩的灌注过程进行旁站	未按工程设计图纸或施工技术标准施工	C01 第六十五条、第六十七条	责令改正，罚款
2	沉入桩	沉入桩质量证明文件、进场检验验收记录、施工日志、施工记录	D18 第5.2.1条～第5.2.5条	1. 沉桩前未验收桩的质量，或质量证明不全； 2. 沉桩达不到设计要求，且无相关变更手续； 3. 桩基承载力不符合设计要求，未进行静载试验； 4. 桩顶高程和桩头处理不符合设计要求； 5. 接桩不符合设计要求	未按工程设计图纸或施工技术标准施工	C01 第六十五条、第六十七条	责令改正，罚款
3	钻(挖)孔桩	钻孔、挖孔桩达到设计深度后的地质确认记录	D18 第5.3.1条、第5.3.6条	监理单位未对钻(挖)孔桩达到设计深度后的地质情况进行全部检查；勘察设计未对代表性的桩进行现场确认	未按施工技术标准施工	C01 第六十五条、第六十七条	责令改正，罚款

续上表

序号	检查环节	检查内容和方法	检查依据	常见问题或情形	定性	处理依据	处理措施
3	钻(挖)孔桩	现场查孔径、孔深、孔型、量测	D18 第5.3.2条、第5.3.7条	监理单位未对钻(挖)孔桩达到设计深度后的孔径、孔深和孔型等进行全部检查	违反技术标准	C01 第六十七条	责令改正,罚款
		现场量测挖孔桩尺寸	D18 第5.3.4条、第5.3.8条	塌孔、缩孔,成孔后长时间静置导致孔径、孔深、孔型不符合设计要求	未按施工技术标准施工	C01 第六十五条	责令改正
		现场量测,查旁站记录、监理日记、施工日记	D18 第5.3.3条	成孔偏斜			
		现场观察开挖状态及防护措施	D18 第5.3.5条	挖孔桩开挖顺序和防护措施不符合设计要求	未按工程设计图纸或施工技术标准施工	C01 第六十五条	责令改正,罚款
4	钢筋笼	现场观察、量测,核对设计文件	D18 第5.3.10条	1.加工、连接、钢筋数量不符合设计要求; 2.在堆放、运输和吊装过程中产生不可恢复的变形; 3.安装位置偏差超标; 4.钢筋笼上浮	未按工程设计图纸或施工技术标准施工	C01 第六十五条	责令改正,罚款;返工、修理并赔偿损失等

续上表

序号	检查环节	检查内容和方法	检查依据	常见问题或情形	定性	处理依据	处理措施
5	桩身混凝土	混凝土强度试验报告	D18 第5.3.15条、第5.3.16条	1. 水下混凝土标准养护试件强度达不到设计强度等级的1.15倍；2. 桩头破除时损坏钢筋和桩顶混凝土		C01 第六十五条	责令改正，修理款；返工，赔偿损失等
		桩基无损检测报告	D18 第5.3.17条	未对桩身混凝土全部进行无损检测，或检测方法不符合现行《铁路工程基桩检测技术规程》（TB 10218）的规定；对桩身混凝土质量有疑问和设计有要求的桩，未采用钻芯取样进行检测、验证	未按施工技术标准施工		
6	承台	1. 承台预埋墩身钢筋、桩头与承台连接；2. 尺量桩基伸入承台的锚固长度；3. 大体积承台混凝土浇筑降温措施	D18 第5.4.3条、第5.4.7条 D16 第6.4.8条	1. 承台预埋墩身钢筋长度与设计不符；2. 桩头与承台连接不符合设计要求 大体积承台混凝土浇筑未采取降温措施	未按工程设计图纸或施工技术标准施工	C01 第六十五条	责令改正，罚款等

沉井基础监督检查事项

表2-4

序号	检查环节	检查内容和方法	检查依据	常见问题或情形	定性	处理依据	处理措施
1	一般规定	1. 监控量测点位布置及原始记录资料； 2. 隐蔽工程的影像资料留存	D18 第6.1.2条～ 第6.1.4条	1. 沉井下沉前未对周边影响范围建筑物制订防护和安保措施，并监测下沉过程中的变化； 2. 沉井各道隐蔽工序验收未留存影像资料	未按施工技术标准施工	C01 第六十五条、 第六十七条	责令改正，罚款等
2	沉井制作、浮运、下沉	1. 沉井气筒的压力试验开展情况； 2. 沉井浮运施工工艺； 3. 钢沉井底节沉井水压试验	D18 第6.2.8条、 第6.3.3条、 第6.3.5条、 第6.3.8条	1. 钢沉井气筒未按压力容器有关规定制造，未进行1.5倍工作压力试验； 2. 沉井浮运不符合施工工艺要求，未检算其稳定性； 3. 沉井下沉时强度不满足设计要求； 4. 钢沉井底节沉井未做水压试验，其余各节未做水密性或气密性检查	未按施工技术标准施工	C01 第六十五条、 第六十七条	责令改正，罚款等

续上表

序号	检查环节	检查内容和方法	检查依据	常见问题或情形	定性	处理依据	处理措施
3	沉井清基,封底,填充	1. 监测、观察清基后基底的地质状况和其他技术参考; 2. 观察、测量沉降观测数据; 3. 观察、检测沉井封底和填充质量	D18 第6.2.10条~ 第6.2.14条	1. 沉井下沉至设计高程后,基底地质条件不满足设计要求; 2. 清理后的基底距隔墙底的高度、刃脚埋深等不符合设计要求; 3. 清基后沉降观测未达到设计要求就开始封底; 4. 沉井封底混凝土未达到设计强度就开始抽水填充; 5. 沉井填充不符合设计要求	未按施工技术标准施工	C01 第六十五条、 第六十七条	责令改正,罚款等

表2-5

墩台监督检查事项

序号	检查环节	检查内容和方法	检查依据	常见问题或情形	定性	处理依据	处理措施
1	一般规定	1. 相关项目测量、定位; 2. 排水系统的连接; 3. 基坑回填和边坡防护	D18 第7.1.3条~ 第7.1.7条	1. 未提供测量报告,且监理无复测记录; 2. 地表排水系统设计不完备,与现场不符; 3. 陡坡地段边坡未按设计要求进行防护; 4. 施工完毕后未疏通清理河道,对环境和水源造成污染破坏; 5. 墩台各道隐蔽工序验收未留存影像资料	未按工程设计图纸或施工技术标准施工	C01 第六十五条、 第六十七条	责令改正,罚款

续上表

序号	检查环节	检查内容和方法	检查依据	常见问题或情形	定性	处理依据	处理措施
2	墩台混凝土	现场查看施工冷缝、大体积降温措施	D18 第7.2.6条	混凝土未连续浇筑,存在施工冷缝,保护层厚度不满足设计要求	未按施工技术标准施工	C01 第六十五条、第六十七条	责令改正,罚款
			D16 第6.4.8条	大体积墩台混凝土浇筑未采取降温措施			
3	锥体及排水设施	1. 测量砌体结构形式、尺寸; 2. 护坡、边坡防护措施; 3. 反滤层材料检验资料及设置	D16 第7.4.2条~ 第7.4.5条、第7.4.13条、第7.4.14条	1. 砌体结构形式、位置等不符合设计要求; 2. 护坡与边坡不密贴,存在空洞; 3. 锥体护坡及边坡防护不完整; 4. 反滤层材料及设置、排水设施基底质量符合设计要求; 5. 排水设施基底质量不符合设计要求; 6. 水沟垫层、反滤层、封闭层、沉降缝和泄水孔的材料、结构形式、尺寸、位置等不符合设计要求	未按工程设计图纸或施工技术标准施工	C01 第六十五条、第六十七条	责令改正,罚款

第二章 ◇铁路桥涵工程质量监督检查

预应力混凝土简支箱梁监督检查事项

表 2-6

序号	检查环节	检查内容和方法	检查依据	常见问题或情形	定性	处理依据	处理措施
1	一般规定	1. 现场查看施工缝； 2. 预应力张拉设备； 3. 张拉施工工序； 4. 封锚（端）防水处理和封堵措施	D18 第 8.1.7 条～ 第 8.1.11 条	1. 简支箱梁梁体混凝土浇筑中断，存在施工缝； 2. 张拉设备和仪表未配套使用，没有按规定校验； 3. 后张法张拉前，未对管道摩阻和锚口摩阻进行实测；设计单位未对张拉控制力进行确认或调整； 4. 后张法预应力张拉不符合设计要求，没有分阶段进行； 5. 封锚封端处未按设计进行防水处理和封堵	未按工程设计图纸或施工技术标准施工	C01 第六十五条	责令改正，罚款
		1. 隐蔽工程影像资料； 2. 监理旁站记录	D18 第 8.1.16 条、 第 8.1.17 条	1. 钢筋验收、预应力张拉值和伸长值、管道压浆压力值未留存影像资料； 2. 监理未对混凝土浇筑、管道摩阻试验、预应力张拉、压浆、静载试验、架落梁等工序进行旁站	未按施工技术标准施工	C01 第六十五条、 第六十七条	责令改正，罚款

续上表

序号	检查环节	检查内容和方法	检查依据	常见问题或情形	定性	处理依据	处理措施
2	混凝土工程	1. 混凝土养护环境； 2. 拆模强度相关资料； 3. 梁体外观检查	D18 第8.2.7条、 第8.2.8条、 第8.2.10条、 第8.2.11条	1. 梁体混凝土未按要求养护测温； 2. 拆模时梁体混凝土强度不符合设计要求； 3. 未对梁体外形尺寸进行检查，梁体外观差，混凝土缺陷随意修复； 4. 梁体及锚（端）混凝土外观质量差，对空洞、蜂窝、漏浆、掉角等缺陷未修复随意修复	未按工程设计图纸或施工技术标准施工	C01 第六十五条	责令改正，罚款
3	梁厂预制箱梁	1. 梁厂资质； 2. 提梁、架梁设备试验和进场报验资料	D18 第8.1.2条、 第8.1.3条、第8.2.9条、 第8.1.12条～ 第8.1.14条	1. 未通过现场制梁生产资质验收，超数量制梁目质量不佳； 2. 提梁、架梁设备台座的强度、刚度、稳定性等参数不满足设计要求； 3. 提梁、架梁设备未进行试验、未进行检定； 4. 未按现行《简支梁混凝土梁静载弯曲试验》(TB/T 2092)要求进行静载试验； 5. 预制箱梁吊孔尺寸、位置、预埋件等不满足设计要求； 6. 预制箱梁出厂时没有合格证，产品质量不符合相关标准	未按工程设计图纸或施工技术标准施工	C01 第六十五条	责令改正，罚款

第二章 ◇ 铁路桥涵工程质量监督检查

续上表

序号	检查环节	检查内容和方法	检查依据	常见问题或情形	定性	处理依据	处理措施
4	箱梁架设	1. 墩台里程、高程测量； 2. 梁存放、运输及吊装要求的执行情况； 3. 梁体架设后高差、高程复核	D18 第8.4.2条～ 第8.4.7条	1. 架梁单位无桥梁跨距、支座位置、支座垫石顶面高程等复核资料； 2. 梁存放和运输支点位置不符合要求，同一端支点高差大于2mm； 3. 架设落梁时每个支点反力与平均值之差超过±5%，架设备； 4. 支撑垫石顶面和支座底面间的砂浆厚度不符合要求； 5. 架设后的相邻梁跨段桥面之间、梁端桥面与相邻桥台胸墙顶面的相对高差大于10mm； 6. 梁体架设后不稳固，梁缝桥面高程不符合要求不均匀	未按施工技术标准施工	C01 第六十五条	责令改正，罚款

续上表

序号	检查环节	检查内容和方法	检查依据	常见问题或情形	定性	处理依据	处理措施
5	支架现浇	1. 支架专项设计方案、预压试验； 2. 支架地基承载力； 3. 模板及支架拆除	D18 第8.1.4条、 第8.5.2条～ 第8.5.4条	1. 现浇支架未专项设计，强度、刚度、稳定性不满足要求，未预压或预压加载不符合要求； 2. 支架的地基和基础承载力不符合施工工艺要求； 3. 模板及支架拆除时强度未达到规定值，拆除顺序不符合方案要求	未按施工技术标准施工	C01 第六十五条	责令改正，罚款
6	移动模架现浇	模板、支架拼装检查、预压控制	D18 第8.1.6条 （第8.6.4条）、 第8.6.1条、 第8.6.3条	1. 每次拼装前未进行检查和试验，移动模架稳定系数小于1.5； 2. 未对移动模架进行预压； 3. 未对移动模架的墩旁托架及落地支架进行预压试验	未按施工技术标准施工	C01 第六十五条	责令改正，罚款
7	移动支架拼装	1. 拼装前检查； 2. 梁段的外形尺寸、拼装控制； 3. 拼接缝所用材料； 4. 接缝面施工工艺	D18 第8.1.5条、 第8.1.15条、 第8.7.10条、 第8.7.11条	1. 移动支架拼装前后未进行检查和试验要求； 2. 预制梁段在拼装前未检查外形尺寸和接缝面，拼装中线等数据不符合设计要求； 3. 拼装段组拼接缝所用材料未进行检验，不符合设计要求； 4. 接缝面处理、宽度、方式不符合设计文件和工艺要求	未按施工技术标准施工	C01 第六十五条	责令改正，罚款

预应力混凝土简支T梁监督检查事项

表2-7

序号	检查环节	检查内容和方法	检查依据	常见问题或情形	定性	处理依据	处理措施
1	一般规定	1. 梁体浇筑时间和温度控制； 2. 预应力张拉前对摩阻损失的测定； 3. 后张法张拉工序，封锚（端）防水处理和封堵	D18 第9.1.5条~ 第9.1.10条	1. 简支T梁梁体混凝土浇筑中断，存在施工缝；浇筑时间、入模温度不符合要求； 2. 后张法张拉前，未对管道摩阻损失和锚口摩阻损失进行实测测定；设计单位未对张拉控制力进行确认或调整； 3. 张拉设备和仪表未配套使用，没有按规定频次校验，后张法预应力张拉不符合设计要求，没有分阶段进行； 4. 封锚封端未按设计进行防水处理和封堵； 5. 压浆距离终张拉超过48h，压浆温度不在5~30℃之间，梁体及环境温度低于5℃	未按施工技术标准施工	C01 第六十五条	责令改正,罚款
2	提梁、架梁设备	提梁、架梁设备检验	D18 第9.1.11条、 第9.1.12条	1. 提梁、架桥机、运载工具、行走道路，提升吊架、支承托架等各类架梁设备未进行试验及检定； 2. 各类架桥机、提升吊架、支承托架未经过重载试验，没有签证记录	未按施工技术标准施工	C01 第六十五条	责令改正,罚款

续上表

序号	检查环节	检查内容和方法	检查依据	常见问题或情形	定性	处理依据	处理措施
3	梁体存放、运输	1. 梁体存放、运输过程； 2. 隐蔽工程影像资料留存； 3. 施工日志和监理旁站资料	D18 第9.1.13条~ 第9.1.17条	1. T梁存放和运输支点位置、吊点和梁体强度不满足设计要求； 2. 顶梁部位及横梁滑道位置超出悬臂长度范围，造成梁体开裂、折断； 3. 一孔梁中多片T梁施预应力日期差值超过6d，未按架梁计划分批成孔组装架车发运； 4. 钢筋验收、预应力张拉值和伸长值、管道压浆压力值未留存影像资料； 5. 监理未对混凝土浇筑、管道阻试验、预应力张拉、压浆进行旁站	未按施工技术标准施工	C01 第六十五条	责令改正、罚款
4	T梁预制	1. 梁体混凝土养护； 2. 拆模强度； 3. 静载试验	D18 第9.2.7条~ 第9.2.9条	1. 梁体混凝土未按要求进行养护测温； 2. 拆模时梁体混凝土强度不符合设计要求； 3. 未按现行《简支梁静载弯曲试验》（TB/T 2092）要求进行预应力混凝土梁静载试验	未按施工技术标准施工	C01 第六十五条、 第六十七条	责令改正、罚款

续上表

序号	检查环节	检查内容和方法	检查依据	常见问题或情形	定性	处理依据	处理措施
5	T梁架设	1. 墩台里程、标高; 2. 吊梁作业安全措施; 3. 梁体架设后高差、高程复核	D18 第9.4.2条~ 第9.4.6条	1. 架梁单位无桥梁跨距、支座位置、支座垫石顶面高程等复核资料; 2. 一台起重机吊梁时未使用起吊扁担,两台起重机吊梁时,两端未同步起落; 3. 架设后的相邻梁段桥面之间、梁端桥面与相邻桥台胸墙顶面的相对高差大于10mm; 4. 架桥机过孔前梁体临时横向连接不符合规定,梁体紧固; 5. 梁体架设后不稳固,梁缝不均匀	未按施工技术标准施工	C01 第六十五条、第六十七条	责令改正,罚款

表 2-8

预应力混凝土连续梁、连续刚构监督检查事项

序号	检查环节	检查内容和方法	检查依据	常见问题或情形	定性	处理依据	处理措施
1	悬臂浇筑预应力混凝土连续梁、连续刚构	施工设计图、工艺细则、技术交底、施工日志、专项方案、合龙及体系转换施工工艺设计、张拉及压浆记录、混凝土试验报告、线形及位移测量监控方案及监理审批记录、监理旁站记录	D18 第10.1.5条、第10.1.6条、第10.1.23条	1. 悬臂浇筑梁段施工过程中，线形监测不符合有关规定；2. 预应力筋张拉时梁体混凝土强度、弹性模量未达到设计要求；3. 合龙段施工及体系转换不符合设计和施工工艺要求；4. 普通钢筋布置、预应力钢筋定位不符合设计要求；5. 锚具未进行进场检验	未按施工技术标准施工	C01 第六十五条、第六十七条	责令改正，罚款等
2	支架法现浇预应力混凝土连续梁、连续刚构	1. 模板检算资料、预压方案及结果检测数据、地基和基础承载力检查及记录；2. 模板及支架安装拆除专项方案；3. 模板及支架的强度、刚度、稳定性	D18 第10.3.2条 (第10.3.12条)、第10.3.10条、第10.3.11条	1. 未提供支架强度、刚度、稳定性的检算资料，支架未按照各阶段施工荷载和施工工艺要求进行预压；预压和施工过程中未变形观测或无记录；2. 大型模板及支架的安装拆除未制订专项方案并实施；3. 支架的地基和基础承载力不符合施工工艺的要求，无适当加固措施确保支架稳定	未按施工技术标准施工	C01 第六十五条、第六十七条	责令改正，罚款等

第二章 ◇铁路桥涵工程质量监督检查

续上表

序号	检查环节	检查内容和方法	检查依据	常见问题或情形	定性	处理依据	处理措施
3	转体法施工预应力混凝土连续梁、连续刚构	1. 转体施工前转体结构称重、配重和试验转记录； 2. 转体施工止动操作和责任限位工作情况； 3. 球铰安装影像资料； 4. 球铰安装、梁体转体监理旁站记录	D18 第10.4.3条、 第10.4.4条、 第10.4.6条、 第10.4.7条	1. 转体施工前未按施工工艺要求对转体结构进行称重、配重和试转； 2. 接近止动距离时未按方案要求进行止动操作，未设专人负责限位工作； 3. 球铰安装未留存影像资料； 4. 监理单位对球铰安装、梁体转体未进行旁站	未按工程设计图纸或施工技术标准施工	C01 第六十五条、 第六十七条	责令改正，罚款等
		1. 球铰或支座出场合格证； 2. 转体系统的测试资料； 3. 球铰或支座上下座板的安装情况； 4. 球铰或支座与梁底及垫石的密贴质量； 5. 球铰或支座锚栓质量及埋置深度和螺栓外露长度	D18 第10.4.8条～ 第10.4.12条	1. 转体或支座品种、规格、性能、结构及涂装质量不符合设计要求和相关标准的规定； 2. 转体系统承载力、上下转盘及精道摩擦系数、动力设施和锚固体系不符合工艺要求； 3. 球铰或支座上下座板安装水平度不符合要求； 4. 球铰或支座与梁底及垫石之间不密贴，垫石层材料质量及强度不符合要求； 5. 球铰或支座锚栓质量及埋置深度和螺栓外露长度不符合设计要求	使用不合格的建筑构配件，未按施工技术标准施工	C01 第六十五条、 第六十七条	责令改正，罚款等

续上表

序号	检查环节	检查内容和方法	检查依据	常见问题或情形	定性	处理依据	处理措施
3	转体法施工预应力混凝土连续梁、连续刚构	1. 上、下转盘和转轴的测试资料； 2. 上转盘周边的撑脚布置情况；	D18 第10.4.13条、第10.4.14条	1. 上、下转盘和转轴的制作安装精度不满足设计要求； 2. 浇固于上转盘周边的撑脚未对称均匀布置	未按施工技术标准施工	C01 第六十五条	责令改正,罚款等
		1. 转体系统的工艺设计资料； 2. 转体各部结构混凝土强度报告、预应力筋张拉记录	D18 第10.4.18条、第10.4.19条	1. 转体纵横向稳定系数小于1.5； 2. 转体施工前转体各部结构混凝土强度、预应力筋张拉值及外形尺寸不符合设计要求			
4	顶推法施工预应力混凝土连续梁	1. 施工设计图、施工方案、制梁台座设置情况； 2. 临时墩及导梁强度、刚度和稳定性检算资料； 3. 顶推设备、滑道、导向及纠偏装置是否符合顶推工艺设计要求； 4. 试顶记录、设备性能及摩擦系数是否符合顶推工艺设计要求	D18 第10.5.2条~第10.5.5条	1. 制梁台座不坚固、稳定,沉降不满足施工工艺要求,顶推线路上的制梁台座、中线及纵坡未与桥梁设计中线及纵坡一致； 2. 临时墩稳定性及导梁无强度、刚度及导梁无检算资料； 3. 顶推设备、滑道、导向及纠偏装置不符合顶推工艺设计的要求； 4. 顶推施工前未进行试顶,未检验设备性能,未验证设计摩擦系数	未按施工技术标准施工	C01 第六十五条	责令改正,罚款等

续上表

序号	检查环节	检查内容和方法	检查依据	常见问题或情形	定性	处理依据	处理措施
5	顶推法施工预应力混凝土连续梁	1. 导梁长度及主梁连接方式；2. 顶推滑道材料摩擦系数检测报告；3. 千斤顶的顶推力，及顶推过程中墩、台的纵向位移情况；4. 张拉后期预应力和解除临时预应力施工记录	D18 第10.5.6条～第10.5.8条、第10.5.11条	1. 导梁长度及主梁连接不符合设计要求；导梁底面不平直；2. 顶推滑道材料和摩擦系数不符合设计工艺要求；3. 千斤顶的顶推力小于计算顶推力的2倍，顶推过程中墩、台的纵向位移大于设计要求；4. 顶推达到设计位置后，未按设计要求张拉后期预应力和解除临时预应力	未按施工技术标准施工	C01 第六十五条、第六十七条	责令改正，罚款等

钢桁梁监督检查事项

表2-9

序号	检查环节	检查内容和方法	检查依据	常见问题或情形	定性	处理依据	处理措施
1	一般规定	1. 钢桁梁构件出场质量证明文件，产品合格报告，原材料质量证明书及检验报告，高强度螺栓摩擦面抗滑移系数试验报告，焊缝检验报告，涂装记录，工厂试拼装试验报告等；	D18 第12.1.1条、第12.1.3条、第12.1.4条	1. 钢桁梁构件无产品合格证书（含质量检验报告），无钢材、焊材和高强度螺栓及涂装材料出厂质量证明书及检验报告，无高强度螺栓抗滑移系数试验报告，无焊接工艺评定试验报告，焊缝检验记录，涂装报告，工厂试拼装试验报告等；	未按工程设计图纸或施工技术标准施工	C01 第六十五条～第六十七条	责令改正，罚款等

续上表

序号	检查环节	检查内容和方法	检查依据	常见问题或情形	定性	处理依据	处理措施
1	一般规定	2. 钢梁工地焊接拼装前焊接工艺试验资料；3. 钢梁杆件结合点缝封填等验收影像资料	D18 第12.1.1条、第12.1.3条、第12.1.4条	2. 钢梁工地焊接拼装前未进行焊接工艺试验；3. 钢梁杆件结合点可能积水的缝隙封填等验收未留存影像资料	未按工程设计图纸或施工技术标准施工	C01 第六十五条~第六十七条	责令改正，罚款等
2	杆件预拼	1. 钢桁梁构件拼装前板面抗滑移系数试验报告；2. 节点板、拼接板与杆件预拼时穿入的临时螺栓和冲钉数量	D18 第12.2.2条、第12.2.6条	1. 钢桁梁构件拼装前未进行板面抗滑移系数试验；2. 节点板、拼接板与杆件预拼时穿入的临时螺栓总数的1/3，冲钉穿入数量多于临时螺栓的30%；螺栓孔较少的栓群，临时螺栓数量少于2个	未按工程设计图纸或施工技术标准施工	C01 第六十五条~第六十七条	责令改正，罚款等
		磨光顶紧节点预拼及缝隙情况	D18 第12.2.8条	磨光顶紧节点预拼未按照工厂编号对号拼装，调换、调边或翻面拼装，磨光顶紧处缝隙不大于0.2mm的密贴面积小于75%	未按工程设计图纸或施工技术标准施工	C01 第六十五条~第六十七条	责令改正，罚款等

续上表

序号	检查环节	检查内容和方法	检查依据	常见问题或情形	定性	处理依据	处理措施
3	拼装架设	1. 钢桁梁拼装架设顺序；2. 支架上拼装钢桁梁时冲钉和高强度螺栓数量；3. 钢桁梁安装的测量记录	D18 第12.3.1条、第12.3.2条、第12.3.8条	1. 钢桁梁拼装架设顺序与设计要求不符，设计无要求时未按钢桁梁节间依次进行；2. 在支架上拼装钢桁梁时冲钉和高强度螺栓总数量少于孔眼总数的1/3，孔眼较少部位冲钉和高强度螺栓数量少于6个；3. 每个节间未测量钢桁梁中线及节点挠度，未及时与线形、应力等监控数据相对比	未按工程设计图纸或施工技术标准施工	C01 第六十五条～第六十七条	责令改正，罚款等
4	涂装	钢桁梁涂装涂料质量证明文件及涂装厚度试验检测报告	D18 第12.4.1条（第11.2.10条、第11.2.14条）	涂装涂料的品种、质量不符合设计要求和相关标准的规定；涂装体系干膜最小总厚度和每一涂层干膜平均厚度小于要求厚度，且每一涂层的最小厚度小于设计要求厚度的90%	未按工程设计图纸或施工技术标准施工	C01 第六十五条～第六十七条	责令改正，罚款等

表 2-10

拱桥监督检查事项

序号	检查环节	检查内容和方法	检查依据	常见问题或情形	定性	处理依据	处理措施
1	一般规定	1. 钢拱肋制造资料； 2. 钢拱肋拼装架设的预压拼装记录； 3. 拱肋的预拱度设置； 4. 拱桥施工过程中的线形监控记录； 5. 钢拱肋节段制作、拼装前的焊接工艺试验； 6. 影像资料留存情况； 7. 吊杆及系杆张拉、钢管内混凝土压注的监督旁站	D18 第13.1.2条～第13.1.6条、第13.1.8条、第13.1.9条	1. 钢拱肋制造工厂无相应资质、能力，监理单位未派员驻场监造，驻厂监造记录缺失或不完整； 2. 钢拱肋拼装架设前未按设计文件和施工方案要求进行预拼装； 3. 未按设计要求和施工工艺确定拱肋的预拱度； 4. 拱桥施工过程中未按设计文件和施工方案要求进行线形监控，监控记录缺失或不完整； 5. 钢拱肋节段制作、拼装架设前未进行焊接工艺试验，无焊接工艺评定试验报告； 6. 拱脚预埋段、钢管内混凝土压注，吊杆及系杆的密封、防腐等验收未留存影像资料； 7. 监理单位未对吊杆及系杆张拉、钢管内混凝土压注进行旁站	未按工程设计图纸或施工技术标准施工	C01 第六十五条、第六十七条	责令改正，罚款等

续上表

序号	检查环节	检查内容和方法	检查依据	常见问题或情形	定性	处理依据	处理措施
2	钢管混凝土拱	1. 钢管拱肋制作所采用原材料的质量证明文件； 2. 钢管拱焊缝质量检测报告	D18 第13.2.1条、第13.2.4条	1. 钢管拱肋制作所采用原材料的品种、规格、质量不符合设计要求和相关标准的规定； 2. 焊缝质量不符合设计文件和焊接工艺要求	使用不合格建筑构配件，未按施工技术标准施工	C01 第六十五条、第六十七条	责令改正，罚款等
		1. 钢管拱肋拼装架设前的质量检查和验收记录； 2. 拱脚预埋施工的防偏移措施； 3. 拱肋拼装的方法、顺序	D18 第13.2.6条~第13.2.8条	1. 钢管拱肋拼装架设前未对节段的质量进行全面检查和验收； 2. 拱脚埋设要求采取可靠的定位、固定防偏移措施； 3. 拱肋拼装的方法和顺序不符合设计和施工方案的规定	未按工程设计或施工技术标准施工	C01 第六十五条、第六十七条	责令改正，罚款等
		1. 钢管内混凝土的压注工艺及压注顺序； 2. 钢管内混凝土的饱满密实、脱空率或脱空高度情况	D18 第13.2.14条、第13.2.15条	1. 钢管内混凝土的压注工艺及压注顺序不符合设计要求和施工方案的规定； 2. 压注完成后的钢管内混凝土不饱满、不密实，钢管混凝土脱空率或脱空高度不符合设计要求，设计无要求时脱空率大于0.6%或脱空高度大于5mm	未按工程设计或施工技术标准施工	C01 第六十五条、第六十七条	责令改正，罚款等

续上表

序号	检查环节	检查内容和方法	检查依据	常见问题或困惑情形	定性	处理依据	处理措施
		钢管拱肋涂装涂料质量证明文件及涂装厚度试验检测报告	D18 第13.2.16条 (第11.2.10条、第11.2.14条)	涂装涂料的品种、质量不符合设计要求和相关标准的规定；涂装体系干膜最小总厚度和每一涂层干膜平均厚度小于设计要求厚度，且每一涂层的最小厚度小于设计要求厚度的90%	使用不合格的建筑材料	C01 第六十五条	责令改正，罚款等
2	钢管混凝土拱	1. 吊杆、系杆及配件的质量证明文件；2. 吊杆及系杆的安装方法和安装顺序；3. 吊杆及系杆的张拉顺序和张拉力；4. 吊杆及系杆的密封、防腐等措施	D18 第13.2.18条～第13.2.21条	1. 吊杆、系杆及配件的品种、规格、质量不符合设计要求和相关标准的规定；2. 吊杆及系杆的安装方法和安装顺序不符合设计文件和施工技术方案的要求；3. 吊杆及系杆的张拉顺序和张拉力不符合设计要求；张拉完毕后未结合施工监测进行索力调整；4. 吊杆及系杆的密封、防腐等措施不符合设计要求	使用不合格的建筑构配件，未按工程设计图纸或施工技术标准施工	C01 第六十五条、第六十七条	责令改正，罚款等

续上表

序号	检查环节	检查内容和方法	检查依据	常见问题或情形	定性	处理依据	处理措施
3	劲性骨架拱	劲性骨架制作所采用原材料的质量证明文件	D18 第13.3.1条	劲性骨架制作所采用原材料的品种、规格、质量不符合设计要求和相关标准的规定	使用不合格的建筑构配件	C01 第六十五条	责令改正，罚款等
		劲性骨架焊缝质量检测报告	D18 第13.3.3条	焊缝质量不符合设计文件和焊接工艺要求			
		1. 劲性骨架杆件预拼施工前板面抗滑移系数试验报告；2. 节点板、拼接板与杆件预拼时穿入的临时螺栓和冲钉数量；3. 磨光顶紧节点预拼及缝隙情况	D18 第13.3.5条（第12.2.2条、第12.2.6条、第12.2.8条）	1. 劲性骨架杆件预拼前未进行板面抗滑移系数试验。2. 节点板、拼接板与杆件预拼时穿入的临时螺栓和冲钉数量少于安装总数的1/3，冲钉穿入数量多于临时螺栓的30%；螺栓孔较少的栓群，临时螺栓数量少于2个；3. 磨光顶紧节点预拼未按照工厂编号对号排装，调换、调边或翻面排装，磨光顶紧处密贴面积小或大于0.2mm的塞尺贴面积不大于75%	未按工程设计或施工技术标准施工	C01 第六十五条、第六十七条	责令改正，罚款等

续上表

序号	检查环节	检查内容和方法	检查依据	常见问题或情形	定性	处理依据	处理措施
3	劲性骨架拱	1. 劲性骨架拼装架设顺序； 2. 支架上拼装劲性骨架时冲钉和高强度螺栓数量	D18 第13.3.7条 (第12.3.1条、第12.3.2条)	1. 劲性骨架拼装架设顺序不符合设计要求,设计无要求时未按骨架节间依次进行； 2. 在支架上拼装劲性骨架时,冲钉和高强度螺栓总数量少于孔眼总数的1/3,孔眼较少部位冲钉和高强度螺栓数量少于6个	未按工程设计图纸或施工技术标准施工	C01 第六十五条	责令改正,罚款等
		劲性骨架安装的测量记录	D18 第13.3.7条 (第12.3.8条)	每安装完一个节间未测量劲性骨架中线及节点标高,未及时与线形、应力等监测数据相对比			
		劲性骨架涂装涂料质量证明文件及涂装厚度试验检测报告	D18 第13.3.10条 (第11.2.10条、第11.2.14条)	涂装涂料的品种、质量不符合设计要求和相关标准的规定；涂装体系干膜平均总厚度和每一涂层干膜厚度小于设计要求厚度,且每一涂层厚度小于设计要求厚度的90%	使用不合格的建筑材料	C01 第六十五条	责令改正,罚款等
		劲性骨架内混凝土的压注工艺及压注顺序	D18 第13.3.13条	劲性骨架内混凝土的压注工艺及压注顺序不符合设计要求和施工方案的规定	未按施工技术标准施工	C01 第六十五条	责令改正,罚款等

续上表

序号	检查环节	检查内容和方法	检查依据	常见问题或情形	定性	处理依据	处理措施
3	劲性骨架拱	劲性骨架内混凝土的饱满密实、脱空率或脱空高度情况	D18 第13.3.14条（第13.2.15条）	压注完成后的内填混凝土不饱满、不密实，劲性骨架内混凝土脱空率或脱空高度不符合设计要求，设计无要求时脱空率大于0.6%或脱空高度大于5mm	未按施工技术标准施工	C01 第六十五条	责令改正，罚款等
		外包混凝土的浇筑工艺及顺序	D18 第13.3.15条	外包混凝土的浇筑工艺及顺序不符合设计要求			
		1. 吊杆、系杆及配件的质量证明文件； 2. 吊杆及系杆的安装方法和安装顺序； 3. 吊杆及系杆的张拉顺序和张拉力； 4. 吊杆及系杆的密封、防腐等措施	D18 第13.3.17条（第13.2.18条、第13.2.19条、第13.2.20条、第13.2.21条）	1. 吊杆、系杆及配件的品种、规格、质量不符合设计和相关标准的规定； 2. 吊杆及系杆不符合设计文件和施工技术方案的要求； 3. 吊杆及系杆的张拉顺序和张拉力不符合设计要求；张拉完毕后未结合施工监测进行索力调整； 4. 吊杆及系杆的密封、防腐等措施不符合设计要求	未按工程设计图纸或施工技术标准施工	C01 第六十五条	责令改正，罚款等

续上表

序号	检查环节	检查内容和方法	检查依据	常见问题或情形	定性	处理依据	处理措施
4	钢筋混凝土拱	拱圈封顶合龙时的温度和混凝土强度情况	D18 第13.5.9条	拱圈封顶合龙时的温度和混凝土强度不符合设计要求；拱圈封顶合龙设计无要求时：分段浇筑拱圈时，填塞空缝的混凝土未达到设计强度的50%；全宽浇筑拱圈时，浇筑拱圈的混凝土未达到设计强度的70%；封顶合龙未采用千斤顶调整应力时，浇筑拱圈的混凝土未达到设计强度	未按工程设计或施工技术标准施工	C01 第六十五条	责令改正，罚款等

表2-11 斜拉桥监督检查事项

序号	检查环节	检查内容和方法	检查依据	常见问题或情形	定性	处理依据	处理措施
1	一般规定	斜拉桥专项施工方案（含挂篮安装及施工工况计算书）、斜拉桥相关隐蔽工程影像资料、合龙及体系转换施工工艺设计、线形及位移测量监控方案及监理审批记录、监理旁站记录	D18 第14.1.2条、第14.1.3条、第14.1.5条	1. 悬臂浇筑梁段混凝土所用挂篮走行无不同施工阶段结构计算资料；走行和浇筑混凝土时，倾覆稳定系数小于2；未对挂篮及支架系统作载荷试验；2. 梁体每一施工阶段全程监控测试和验算与施工控制模式拟定的数据不符；监控数据反馈不及时；3. 未留存混凝土浇筑前的钢筋检查、斜拉索锚具安装、锚头防腐等隐蔽工程验收的影像资料	未按工程设计图纸或施工技术标准施工	C01 第六十五条	责令改正，罚款等

续上表

序号	检查环节	检查内容和方法	检查依据	常见问题或情形	定性	处理依据	处理措施
2	索塔	现场观察、尺量、核对设计图纸、查看检验批	D18 第14.2.2条、第14.2.3条、第14.2.9条、第14.2.18条、第14.2.19条	1.承台和塔座表面有裂缝；塔柱节段混凝土接缝错台，塔身棱线不平顺；2.施工预埋铁件未及时清理干净，外露件锈蚀，流淌锈水；3.索塔轴线偏离设计位置；4.索孔位置不准确；5.钢锚箱、钢锚梁、钢牛腿和索鞍的加工制作和安装不符合设计要求	未按工程设计或施工技术标准施工	C01 第六十五条	责令改正，罚款等
3	主梁和斜拉索	现场观察、索力仪测定、核对设计图纸、施工方案、索力测定记录、查看施工方案、检验批复	D18 第14.3.2条（第14.3.22条、第14.4.4条、（第14.4.6条、第14.3.29条	1.主梁波状起伏，桥面开裂，合拢段下凹不平；2.钢主梁合龙施工与设计施工方案不符；3.实际索力与设计索力偏差过大；4.制振阻尼装置品种、规格、质量不符合设计要求；阻尼圈松动或脱落	未按工程设计图纸施工，技术标准施工，使用不合格的建筑构配件	C01 第六十五条	责令改正，罚款等

支座监督检查事项

表 2-12

序号	检查环节	检查内容和方法	检查依据	常见问题或情形	定性	处理依据	处理措施
1	一般规定	1. 支撑垫石尺寸和预留锚栓孔的位置和尺寸； 2. 桥梁支座砂浆拌和； 3. 支座砂浆冬期施工工艺试验	D18 第16.1.1条~ 第16.1.4条	1. 支座安装前桥梁跨距、支座位置及预留锚栓孔位置、尺寸和支座垫石顶面高程、平整度，超出允许误差范围； 2. 支座砂浆未按设计要求和施工工艺进行配合比设计； 3. 不同种类砂浆未采用相应的工艺和质量控制措施； 4. 支座砂浆冬期施工未进行专门的工艺试验	未按工程设计图纸或施工技术标准施工		
		1. 支座防尘措施； 2. 支座锚栓埋置深度影像资料	D18 第16.1.6条、 第16.1.7条	1. 支座防尘罩安装不规范；防尘罩开启后与落梁装置或梁端限位装置相抵触； 2. 支座锚栓的埋置深度未留存影像资料		C01 第六十五条	责令改正，罚款等

续上表

序号	检查环节	检查内容和方法	检查依据	常见问题或情形	定性	处理依据	处理措施
2	支座砂浆	1. 砂浆材料的技术要求及检验； 2. 砂浆入模温度控制	D18 第16.2.1条~ 第16.2.6条	1. 自流平砂浆材料未按要求进行检测监理见平检； 2. 干硬性砂浆材料未按要求进行检测； 3. 干硬性砂浆配合比未做试配试验； 4. 支座砂浆入模温度不在5~30℃之间； 5. 支座砂浆施工完成后未采取有效的养护措施，养护时间不足3d； 6. 支座砂浆未根据工程需要留置试件	未按工程设计图纸或施工技术标准施工	C01 第六十五条	责令改正，罚款等
3	支座安装	1. 支座的质量和质量证明文件； 2. 支座安装工艺、精度	D18 第16.3.1条~ 第16.3.5条	1. 支座品种、规格、质量、调高量与设计不符； 2. 支座安装位置和方向与设计不符； 3. 安装过程中精度和预偏量不符合设计要求； 4. 支座锚栓未拧紧，埋置深度和外露长度不符合设计要求； 5. 支座与梁底及垫石之间不密贴，有空隙	使用不合格的建筑构配件，未按工程设计图纸或施工技术标准施工	C01 第六十五条	责令改正，罚款等

桥梁附属设施监督检查事项

表 2-13

序号	检查环节	检查内容和方法	检查依据	常见问题或情形	定性	处理依据	处理措施
1	一般规定	1. 防水层施工环境、施工前状态； 2. 防水层施工后保护措施	D18 第 17.1.4 条～ 第 17.1.7 条	1. 防水层施工环境不符合设计要求； 2. 防水层铺设前未清理基层面； 3. 混凝土保护层施工时，对已铺设好的防水层造成损坏； 4. 混凝土保护层施工完成后未进行保湿、保温养护	未按工程设计图纸或施工技术标准施工	C01 第六十五条	责令改正，罚款等
2	防护墙、遮板、电缆槽竖墙、接触网支柱基础	1. 钢筋原材料进场验收及加工； 2. 测量基础接地系统焊接长度，查看预埋件的质量证明文件	D18 第 17.2.3 条～ 第 17.2.5 条	1. 接地系统焊接长度、焊缝厚度、质量、位置不符合设计要求； 2. 接触网支柱基础预埋螺栓和钢板的品种、规格、质量、防腐处理和预埋位置不符合设计要求； 3. 预埋和连接钢筋不符合设计要求	未按工程设计图纸或施工技术标准施工，使用不合格的建筑构配件	C01 第六十五条	责令改正，罚款等
3	声（风）屏障基础、栏杆（挡板）、电缆槽盖板、人行步板	1. 外观检查； 2. 预埋件的质量和预埋位置； 3. 栏杆（挡板）、盖板、人行步板安装质量	D18 第 17.3.1 条～ 第 17.3.6 条	1. 盖板、人行步板和栏杆（挡板）外观质量有缺陷； 2. 声（风）屏障、栏杆（挡板）基础预埋螺栓、钢板和刚构件的品种、规格、质量、防腐处理和预埋位置不符合设计要求	未按工程设计图纸或施工技术标准施工，使用不合格的建筑构配件	C01 第六十五条	责令改正，罚款等

续上表

序号	检查环节	检查内容和方法	检查依据	常见问题或情形	定性	处理依据	处理措施
3	声（风）屏障基础、栏杆（挡板）、电缆槽盖板、人行步板	1. 外观检查； 2. 预埋件的质量和预埋位置； 3. 栏杆（挡板）、盖板、人行步板安装质量	D18 第17.3.1条~ 第17.3.6条	3. 栏杆（挡板）连接、安装不顺直，不牢固，高度不一致，间距不符合要求；防抛网、防异物侵限设施安装不符合设计要求； 4. 盖板、人行步板安装不符合设计要求，板间空隙不均匀一致；声（风）屏障、栏杆（挡板）基础预埋螺栓未保护好，被污染损坏； 5. 盖板、人行步板未按批次检验抗裂性和承载力	未按工程设计图纸或施工技术标准施工，使用不合格的建筑构配件	C01 第六十五条	责令改正，罚款等
4	桥梁梁端防水装置、防落梁挡块	1. 防水装置和防落梁挡块质量证明文件； 2. 测量安装位置，查看安装质量	D18 第17.4.1条~ 第17.4.4条	1. 桥梁梁端防水装置、防落梁挡块所用原材料、部件的品种、规格、质量、性能等不符合设计要求和相关标准； 2. 桥梁梁端防水装置、防落梁挡块安装位置和范围不符合设计要求； 3. 桥梁梁端防水装置安装后不能满足梁体位移和转动需要； 4. 没有防水效果	使用不合格的建筑构配件，未按工程设计图纸或施工技术标准施工	C01 第六十五条	责令改正，罚款等

续上表

序号	检查环节	检查内容和方法	检查依据	常见问题或情形	定性	处理依据	处理措施
5	防水层和保护层	1. 防水层质量证明文件及抽检报告； 2. 防水层铺设范围、构造形式； 3. 测量防水层搭接宽度； 4. 保护层做法部位、厚度、断缝处理，与防水层的结合	D18 第17.5.1条~ 第17.5.5条、 第17.5.10条、 第17.5.11条	1. 防水层所用原材料品种、规格、质量、性能等不符合设计要求和相关标准； 2. 防水层铺设范围、厚度、构造形式不符合设计要求； 3. 防水层的基面未处理干净； 4. 防水层的搭接宽度、铺设工艺和细部做法不符合设计要求和相关标准； 5. 铺设质量不符合设计要求，检测不合格； 6. 保护层施工部位、厚度、坡度和断缝处理不符合设计要求，表面出现裂缝缝目大于0.2mm； 7. 保护层与防水层黏结不牢固，与周边混凝土不密贴	使用不合格的建筑材料，未按工程设计图纸或施工技术标准施工	C01 第六十五条	责令改正，罚款等
6	桥梁排水设施	1. 排水设施所用材料质量证明文件； 2. 泄水管的连接和排水坡度； 3. 排水设施安装后质量	D18 第17.6.1条~ 第17.6.6条	1. 桥梁排水设施所用材料的品种、规格、质量不符合设计要求； 2. 泄水孔的细部处理不符合设计要求			

续上表

序号	检查环节	检查内容和方法	检查依据	常见问题或情形	定性	处理依据	处理措施
6	桥梁排水设施	1. 排水设施所用材料质量证明文件； 2. 泄水管的连接和排水坡度 3. 排水设施安装后质量	D18 第17.6.1条~ 第17.6.6条	3. 泄水管的接头的连接方式不符合设计要求； 4. 泄水管的排水坡度不符合设计要求； 5. 泄水管的设置范围和位置不符合设计要求； 6. 桥梁排水设施部件不齐全，不牢固，有破损，漏水	使用不合格的建筑材料，未按工程设计图纸或施工技术标准施工	C01 第六十五条	责令改正，罚款等
7	墩台围栏，吊篮	1. 围栏，吊篮所用材料质量证明文件； 2. 围栏，吊篮的结构尺寸，连接质量，涂装质量，步板安装质量	D18 第17.7.1条~ 第17.7.5条	1. 围栏，吊篮所用原材料的品种，规格，质量不符合设计要求； 2. 围栏，吊篮安装位置不符合设计要求； 3. 围栏，吊篮连接不牢固； 4. 围栏，吊篮涂装质量不符合设计要求； 5. 吊篮步板的安装不齐全，不稳固	未按工程设计图纸或施工技术标准施工	C01 第六十五条	责令改正，罚款等

续上表

序号	检查环节	检查内容和方法	检查依据	常见问题或情形	定性	处理依据	处理措施
8	桥上救援疏散设施	1. 救援疏散设施所用材料质量证明文件; 2. 疏散通道的布置; 3. 防护罩的结构形式、位置、安装质量; 4. 安全门的结构形式、位置、开启方向及安装质量; 5. 钢部件涂装质量; 6. 指示标志的设置	D18 第17.8.1条~第17.8.8条	1. 桥上救援疏散设施所用原材料的品种、规格、质量不符合设计要求; 2. 基础和立柱的结构形式、位置、质量不符合设计要求; 3. 疏散通道的板、踏步和栏杆的结构形式、位置、质量不符合设计要求; 4. 防护罩的结构形式、设置范围、安装质量不符合设计要求; 5. 安全门的结构形式、安装位置、开启方向及安装质量不符合设计要求; 6. 钢部件的涂装质量不符合设计要求; 7. 指示标志的设置位置、规格、数量不符合设计要求; 8. 桥上救援疏散设施的部件不齐全、完整、有效	未按工程设计图纸或施工技术标准施工	C01 第六十五条	责令改正,罚款等

续上表

序号	检查环节	检查内容和方法	检查依据	常见问题或情形	定性	处理依据	处理措施
9	综合接地	1. 接地体的位置、埋深、外露长度； 2. 贯通地线的敷设和防护设施； 3. 接引端子之间、接引端子与贯通地线之间的连接； 4. 接引端子预留连接孔的保护	D18 第17.9.1条～ 第17.9.4条	1. 接地体的位置、埋设深度、外露长度不符合设计要求； 2. 贯通地线的敷设位置、接续盒防护方式不符合设计要求； 3. 各部引接端子之间、各部引接端子与贯通地线之间连接不符合设计要求，连接电阻不符合设计要求； 4. 各引接端子的预留连接孔未保护，影响连接	未按工程设计图纸或施工技术标准施工	C01 第六十五条	责令改正，罚款等

表2-14 涵洞监督检查事项

序号	检查环节	检查内容和方法	检查依据	常见问题或情形	定性	处理依据	处理措施
1	一般规定	1. 排水系统的连接； 2. 渡槽连接处防漏水处理； 3. 涵洞、渡槽是否畅通	D18 第18.1.5条～ 第18.1.8条	1. 涵洞进出口与既有沟床和道路连接未顺畅，排水不通畅； 2. 涵身结构未达到设计强度就开始填筑，涵身两侧1m范围内采用大型机械施工； 3. 渡槽连接处不密封漏水； 4. 涵洞、渡槽内遗留建筑垃圾和杂物	未按施工技术标准施工	C01 第六十五条	责令改正，罚款等

续上表

序号	检查环节	检查内容和方法	检查依据	常见问题或情形	定性	处理依据	处理措施
2	涵身及端翼墙	1. 框架涵身浇筑顺序,施工缝位置; 2. 成品涵节质量证明文件; 3. 涵节安装质量; 4. 沉降缝材料的质量证明文件,沉降缝位置、尺寸	D18 第18.2.7条、第18.2.11条~第18.2.13条、第18.2.15条~第18.2.19条	1. 分次浇筑时,边墙的施工缝设在统一水平面上; 2. 成品涵节的质量、规格不符合设计要求; 3. 预制涵节的混凝土未达到设计强度就开始吊装; 4. 涵节接缝未顺流水坡度安装平顺; 5. 沉降缝所用原材料的品种、规格、质量不符合设计要求; 6. 沉降缝位置、尺寸、构造形式和止水带的安装不符合设计要求; 7. 沉降缝填缝不密实平整,渗水; 8. 沉降缝没有做到竖直、宽度均匀、环向贯通; 9. 预制构件接缝与沉降缝不吻合	未按工程设计图纸或施工技术标准施工	C01 第六十五条	责令改正,罚款等

沉降变形观测监督检查事项

表 2-15

序号	检查环节	检查内容和方法	检查依据	常见问题或情形	定性	处理依据	处理措施
1	一般规定	1. 沉降变形量测基准点的选取，监测网设施和观测装置的保护措施； 2. 变形观测成果的真实性	D18 第19.0.1条～ 第19.0.5条	1. 高速铁路桥涵工程沉降变形测量不符合现行《高速铁路工程测量规范》(TB 10601)等标准规定； 2. 变形观测点和工作基点选设不合适； 3. 观测期内变形监测网设施和观测装置被扰动、破坏； 4. 变形观测的原始记录不真实，无追溯性； 5. 墩台基础沉降实测值超过设计值20%及以上，未采取相关措施	未按工程设计图纸或施工技术标准施工	C01 第六十五条	责令改正，罚款
2	沉降观测	1. 变形观测标志布设； 2. 观测装置的安装、观测仪器、观测方案、观测精度的执行情况； 3. 观测的频次，观测资料的真实性	D18 第19.0.6条～ 第19.0.10条	1. 沉降观测装置的规格、材料及埋设深度不符合设计要求和相关规定； 2. 沉降观测的仪器、观测方法、观测精度不符合现行《高速铁路工程测量规范》(TB 10601)的有关规定； 3. 沉降变形的观测阶段及频次不符合现行《高速铁路工程测量规范》(TB 10601)的有关规定； 4. 沉降变形观测资料不系统、完整、真实、可靠，不满足沉降变形分析评估的需要	未按工程设计图纸或施工技术标准施工	C01 第六十五条	责令改正，罚款

附 录
铁路建设工程监督检查常用的法律、法规、规章、制度、标准和规范

A. 法律

A01 《中华人民共和国建筑法》(1997年11月1日第八届全国人民代表大会常务委员会第二十八次会议通过;根据2011年4月22日第十一届全国人民代表大会常务委员会第二十次会议《关于修改〈中华人民共和国建筑法〉的决定》第一次修正;根据2019年4月23日第十三届全国人民代表大会常务委员会第十次会议《关于修改〈中华人民共和国建筑法〉等八部法律的决定》第二次修正)

A02 《中华人民共和国招标投标法》(1999年8月30日第九届全国人民代表大会常务委员会第十一次会议通过;根据2017年12月27日第十二届全国人民代表大会常务委员会第三十一次会议《关于修改〈中华人民共和国招标投标法〉、〈中华人民共和国计量法〉的决定》修正)

A03 《中华人民共和国民法典》(2020年5月28日第十三届全国人民代表大会第三次会议通过)

A04 《中华人民共和国安全生产法》(2002年6月29日第九届全国人民代表大会常务委员会第二十八次会议通过;根据2009年8月27日第十一届全国人民代表大会常务委员会第十次会议《关于修改部分法律的决定》第一次修正;根据2014年8月31日第十二届全国人民代表大会常务委员会第十次会议《关于修改〈中华人民共和国安全生产法〉的决定》第二次修正;根据2021年6月10日第十三届全国人民代表大会常务委员会第二十九次会议《关于修改〈中华人民共和国安全生产法〉的决定》第三次修正)

A05 《中华人民共和国铁路法》(1990年9月7日第七届全国人民代表大会常务委员会第十五次会议通过;根据2009年8月27日第十一届全国人民代表大会常务委员会第十次会议《关于修改部分法律的决定》第一次修正;根据2015年4月

24日第十二届全国人民代表大会常务委员会第十四次会议《关于修改〈中华人民共和国义务教育法〉等五部法律的决定》第二次修正)

A06 《中华人民共和国特种设备安全法》(2013年6月29日第十二届全国人民代表大会常务委员会第三次会议通过)

A07 《中华人民共和国环境保护法》(1989年12月26日第七届全国人民代表大会常务委员会第十一次会议通过;2014年4月24日第十二届全国人民代表大会常务委员会第八次会议修订)

A08 《中华人民共和国环境影响评价法》(2002年10月28日第九届全国人民代表大会常务委员会第三十次会议通过;根据2016年7月2日第十二届全国人民代表大会常务委员会第二十一次会议《关于修改〈中华人民共和国节约能源法〉等六部法律的决定》第一次修正;根据2018年12月29日第十三届全国人民代表大会常务委员会第七次会议《关于修改〈中华人民共和国劳动法〉等七部法律的决定》第二次修正)

A09 《中华人民共和国大气污染防治法》(1987年9月5日第六届全国人民代表大会常务委员会第二十二次会议通过;根据1995年8月29日第八届全国人民代表大会常务委员会第十五次会议《关于修改〈中华人民共和国大气污染防治法〉的决定》第一次修正;2000年4月29日第九届全国人民代表大会常务委员会第十五次会议第一次修订;2015年8月29日第十二届全国人民代表大会常务委员会第十六次会议第二次修订;根据2018年10月26日第十三届全国人民代表大会常务委员会第六次会议《关于修改〈中华人民共和国野生动物保护法〉等十五部法律的决定》第二次修正)

A10 《中华人民共和国野生动物保护法》(1988年11月8日第七届全国人民代表大会常务委员会第四次会议通过;根据2004年8月28日第十届全国人民代表大会常务委员会第十一次会议《关于修改〈中华人民共和国野生动物保护法〉的决定》第一次修正;根据2009年8月27日第十一届全国人民代表大会常务委员会第十次会议《关于修改部分法律的决定》第二次修正;2016年7月2日第十二届全国人民代表大会常务委员会第二十一次会议修订;根据2018年10月26日第十三届全国人民代表大会常务委员会第六次会议《关于修改〈中华人民共和国野生动物保护法〉等十五部法律的决定》第三次修正)

B. 行政法规

B01 《建设工程安全生产管理条例》(2003年11月12日国务院第28次常务会议通

过,2003年国务院令第393号公布)

B02 《建设工程质量管理条例》(2000年1月30日国务院令第279号公布;根据2017年10月7日《国务院关于修改部分行政法规的决定》第一次修订;根据2019年4月23日《国务院关于修改部分行政法规的决定》第二次修订)

B03 《建设工程勘察设计管理条例》(2000年9月25日国务院令第293号公布;根据2015年6月12日《国务院关于修改〈建设工程勘察设计管理条例〉的决定》第一次修订;根据2017年10月7日《国务院关于修改部分行政法规的决定》第二次修订)

B04 《中华人民共和国招标投标法实施条例》(2011年12月20日国务院令第613号公布;根据2017年3月1日《国务院关于修改和废止部分行政法规的决定》第一次修订;根据2018年3月19日《国务院关于修改和废止部分行政法规的决定》第二次修订;根据2019年3月2日《国务院关于修改部分行政法规的决定》第三次修订)

B05 《铁路安全管理条例》(2013年7月24日国务院第18次常务会议通过,2013年8月17日国务院令第639号公布)

B06 《生产安全事故报告和调查处理条例》(2007年3月28日国务院第172次常务会议通过,2007年4月9日国务院令第493号公布)

B07 《保障农民工工资支付条例》(2019年12月4日国务院第73次常务会议通过,2019年国务院令第724号公布)

B08 《建设项目环境保护管理条例》(1998年11月29日国务院令第253号公布;根据2017年7月16日《国务院关于修改〈建设项目环境保护管理条例〉的决定》修订)

B09 《国家突发环境事件应急预案》(国办函〔2014〕119号)

B10 《民用爆炸物品安全管理条例》(2006年5月10日国务院令第466号公布;根据2014年7月29日《国务院关于修改部分行政法规的决定》修订)

C. 部门规章

C01 《铁路建设工程质量监督管理规定》(2015年3月12日交通运输部公布;根据2021年12月23日交通运输部《关于修改〈铁路建设工程质量监督管理规定〉的决定》修正)

C02 《违反〈铁路安全管理条例〉行政处罚实施办法》(2013年12月24日交通运输部令第22号公布;根据2021年11月19日交通运输部《关于修改《铁路安全

管理条例〉行政处罚实施办法〉的决定》修正)

C03 《建设工程勘察设计资质管理规定》(2007年6月26日建设部令第160号公布;根据2016年9月13日住房和城乡建设部令第32号修改)

C04 《建筑业企业资质管理规定》(2015年1月22日住房和城乡建设部令第22号公布;根据2018年12月22日住房和城乡建设部令第45号修改)

C05 《工程监理企业资质管理规定》(2007年6月26日建设部令第158号公布;2015年5月4日住房和城乡建设部令第24号第一次修改;根据2016年10月20日住房和城乡建设部令第32号第二次修改;根据2018年12月22日住房和城乡建设部令第45号第三次修改)

C06 《注册建造师管理规定》(2006年12月28日建设部令第153号公布;根据2016年9月13日住房和城乡建设部令第32号修改)

C07 《注册监理工程师管理规定》(2006年1月26日建设部令第147号公布;根据2016年9月13日住房和城乡建设部令第32号修改)

C08 《工程建设项目施工招标投标办法》(2003年3月8日国家计委、建设部、铁道部、交通部、信息产业部、水利部、民航总局令第30号公布;根据2013年3月11日国家发展改革委、工业和信息化部、财政部、住房城乡建设部、交通运输部、铁道部、水利部、广电总局、民航局令第23号修订)

C09 《工程建设项目货物招标投标办法》(2005年1月18日国家发展改革委、建设部、铁道部、交通部、信息产业部、水利部、中国民用航空总局令第27号公布;根据2013年3月11日国家发改委、工业和信息化部、财政部、住房和城乡建设部、交通运输部、铁道部、水利部、广电总局、民航局令第23号修改)

C10 《铁路建设管理办法》(2003年7月31日铁道部令第11号公布)

C11 《铁路建设工程勘察设计管理办法》(2006年1月4日铁道部令第26号公布)

C12 《勘察设计注册工程师管理规定》(2005年2月4日建设部令第137号公布;根据2016年9月13日住房和城乡建设部令第32号修改)

C13 《建设工程勘察质量管理办法》(2002年12月4日建设部令第115号公布;根据2007年11月22日建设部令第163号第一次修改;根据2021年4月1日住房和城乡建设部令第53号第二次修改)

C14 《建设项目竣工环境保护验收暂行办法》(国环规环评〔2017〕4号)

C15 《人力资源社会保障部 交通运输部 水利部 能源局 铁路局 民航局关于铁路、公路、水运、水利、能源、机场工程建设项目参加工伤保险工作的通知》(人社部发〔2018〕3号)

C16 《铁路建设项目变更设计管理办法》(铁建设〔2012〕253号)

C17 《危险性较大的分部分项工程安全管理规定》(2018年3月8日住房和城乡建设部令第37号公布)

C18 《铁路营业线施工安全管理办法》(国铁运输监〔2021〕31号)

C19 《关于进一步加强隧道工程安全管理的指导意见》(安委办〔2023〕2号)

C20 《国家铁路局关于铁路工程投资估算预估算设计概(预)算执行〈企业安全生产费用提取和使用管理办法〉有关问题的通知》(国铁科法〔2023〕7号)

D. 规范性文件

D01 《铁路工程基本作业施工安全技术规程》(TB 10301—2020)

D02 《铁路路基工程施工安全技术规程》(TB 10302—2020)

D03 《铁路桥涵工程施工安全技术规程》(TB 10303—2020)

D04 《铁路隧道工程施工安全技术规程》(TB 10304—2020)

D05 《铁路轨道工程施工安全技术规程》(TB 10305—2020)

D06 《铁路通信、信号、信息工程施工安全技术规程》(TB 10307—2020)

D07 《铁路电力、电力牵引供电工程施工安全技术规程》(TB 10308—2020)

D08 《铁路轨道工程施工质量验收标准》(TB 10413—2018)

D09 《铁路路基工程施工质量验收标准》(TB 10414—2018)

D10 《铁路桥涵工程施工质量验收标准》(TB 10415—2018)

D11 《铁路隧道工程施工质量验收标准》(TB 10417—2018)

D12 《铁路通信工程施工质量验收标准》(TB 10418—2018)

D13 《铁路信号工程施工质量验收标准》(TB 10419—2018)

D14 《铁路电力工程施工质量验收标准》(TB 10420—2018)

D15 《铁路电力牵引供电工程施工质量验收标准》(TB 10421—2018)

D16 《铁路混凝土工程施工质量验收标准》(TB 10424—2018)

D17 《高速铁路路基工程施工质量验收标准》(TB 10751—2018)

D18 《高速铁路桥涵工程施工质量验收标准》(TB 10752—2018)

D19 《高速铁路隧道工程施工质量验收标准》(TB 10753—2018)

D20 《高速铁路轨道工程施工质量验收标准》(TB 10754—2018)

D21 《高速铁路通信工程施工质量验收标准》(TB 10755—2018)

D22 《高速铁路信号工程施工质量验收标准》(TB 10756—2018)

D23 《高速铁路电力工程施工质量验收标准》(TB 10757—2018)

D24 《高速铁路电力牵引供电工程施工质量验收标准》(TB 10758—2018)

D25 《铁路建设工程监理规范》(TB 10402—2019)

D26 《铁路声屏障工程设计规范》(TB 10505—2019)

D27 《铁路工程环境保护设计规范》(TB 10501—2016)

D28 《检验检测机构资质认定管理办法》(2021年6月1日国家市场监督管理总局令第38号公布)

D29 《检验检测机构监督管理办法》(2021年4月8日国家市场监督管理总局令第39号公布)

D30 《检验检测机构资质认定能力评价 检验检测机构通用要求》(RB/T 214—2017)

D31 《混凝土结构工程施工质量验收规范》(GB 50204—2015)

D32 《建筑地基基础工程施工质量验收规范》(GB 50202—2018)

D33 《建筑基坑支护技术规程》(JGJ 120—2012)

D34 《钢结构工程施工质量验收标准》(GB 50205—2020)

D35 《屋面工程质量验收规范》(GB 50207—2012)

D36 《建筑装饰装修工程质量验收标准》(GB 50210—2018)

D37 《砌体结构工程施工质量验收规范》(GB 50203—2011)

E. 其他

E01 《铁路工程建设市场秩序监管暂行办法》(国铁工程监〔2016〕3号)

E02 《铁路建设工程材料构件设备产品进场质量验收监督管理办法》(国铁工程监〔2017〕65号)

E03 《铁路工程建设项目竣工验收监管指导意见》(国铁工程监〔2020〕28号)

E04 《铁路工程建设失信行为认定记录公布管理办法》(国铁工程监〔2018〕76号)

E05 《复杂地质条件下铁路建设安全风险防范若干措施》(国铁工程监〔2017〕82号)

E06 《关于进一步开放铁路建设市场的通知》(建市〔2004〕234号)

E07 《关于继续开放铁路建设市场的通知》(建市〔2006〕87号)

E08 《工程勘察资质标准》(建市〔2013〕9号)

E09 《工程设计资质标准》(建市〔2007〕86号)

E10 《建筑业企业资质标准》(建市〔2014〕159号)

E11 《施工总承包企业特级资质标准》(建市〔2007〕72号)

E12 《建筑业企业资质管理规定和资质标准实施意见》(建市〔2015〕20号)

E13 《工程监理企业资质标准》(建市〔2007〕131号)

E14 《工程监理企业资质管理规定实施意见》(建市〔2007〕190号)

E15 《注册建造师执业管理办法(试行)》(建市〔2008〕48号)

E16 《注册建造师执业工程规模标准(试行)》(建市〔2007〕171号)

E17 《铁路建设工程招标投标监管暂行办法》(国铁工程监〔2016〕8号)

E18 《建筑工程施工发包与承包违法行为认定查处管理办法》(建市规〔2019〕1号)

E19 《高速铁路竣工验收办法》(铁建设〔2012〕107号)

E20 《铁路建设项目竣工验收交接办法》(铁建设〔2008〕23号)

E21 《国务院办公厅关于清理规范工程建设领域保证金的通知》(国办发〔2016〕49号)

E22 《国务院办公厅关于全面治理拖欠农民工工资问题的意见》(国办发〔2016〕1号)

E23 《建设工程质量保证金管理办法》(建质〔2017〕138号)

E24 《铁路营业线施工安全管理办法》(国铁运输监〔2021〕31号)

E25 《广铁集团铁路营业线施工安全管理实施细则》(广铁运发〔2012〕310号发布;根据2015年广铁运发〔2015〕2号修改)

E26 《广东省实施〈中华人民共和国招标投标法〉办法》(2003年4月2日广东省第十届人民代表大会常务委员会第二次会议通过;2018年11月29日广东省第十三届人民代表大会常务委员会第七次会议修订)

注:上述法律法规、规章、标准、管理办法等文件如有修订、更新,以最新版为准。